地方で拓《ひら》く女性のキャリア

中小企業のリーダーに学ぶ

野村浩子

光文社新書

はじめに

「若い女性はなぜ、地方から出ていくのか」

地方の人口減少、東京一極集中が進むなか、地方自治体にとって、いや日本全体にとって、避けられない問いである。東京、愛知、大阪など大都市圏9つの都府県を除く38道県では男女ともに流出過多で、うち32の道県で女性の流出が男性を上回る。

人口減に悩む自治体の間で「若い女性対策」が、にわかに注目を集めるようになったのは、2014年、日本創成会議が若い女性の人口減が進む自治体を「消滅可能性自治体」と名付けたこと、そしてそれが全国に896あると発表したことが契機となった。[*1] レポートを受けて全国に激震が走り、政府も地方自治体も動き始めた。

多くの自治体が乗り出した女性施策は「子育て支援策を充実して女性を引き付ける」「人口減対策として婚姻率を上げる」といったものだった。発想の根底には、女性に子どもを産んでもらわなくては困るという思惑がある。ここで問題なのは、若い男女のライフスタイル観の変化を見落としていることだ。いまの独身者が理想とするライフコースは、女性自身のみならず、男性がパートナーの女性に求めるのも「仕事と子育ての両立コース」が最も多い。[*2]子育てをするにあたり、男女ともに仕事がなくては経済的に不安なのだ。そこで本書では「出産ありきの女性政策」ではなく、「仕事ありきの女性政策」が重要だという視点に立つ。

若い女性の地方からの流出については、改めて序章で考えていきたい。

さらに地方に女性を引き付けるために必要なことが、第1章から第3章に登場する地方の中小企業で管理職となった女性たちの軌跡から、演繹《えんえき》法ながら浮かんでくるだろう。

地方の女性管理職の「一皮むけた経験」

「地元系」と呼ばれるテレビドラマや小説が、いま密かな人気を呼んでいる。地元を愛する人が、地元で暮らす日常を描くもので、若い人たちを中心に共感を得ている。本書に登場するのもまた、地元の中小企業で働き続ける女性たち。青い鳥を求めてさまようことなく、目の前の仕事を前向きに掘り下げていく、その道のりは「地元系キャリア」といったものだ。地道に歩を進めて、地元企業で管理職や役員になった女性たちが、この本の主役である。

これまでメディアに登場してきた「地方で活躍する女性」というと、社会起業家やＮＰＯ法人の代表、あるいは事業承継をした女性社長など、組織を率いるリーダーが中心であった。しかし、事業を起こしトップリーダーとなる人はごく一握りである。

大都市圏を除く地方では、第一次産業を除くと、多くの人が中小企業に勤めている。「常時雇用者」の８〜９割が中小企業に勤め、大手企業で働く人は１〜２割にとどまる。[*3] 東京では常時雇用の６割弱が大手企業の従業員であるのと比べると、職場環境は大きく異なる。

地方自治体の公務員、教員、また地元の数少ない大手企業に勤める社員ではなく、地方の中小企業でコツコツと働き続ける女性たちは、どのようにキャリアを形成しているのか。この問いが、本書の出発点である。

日本企業で女性総合職の本格採用が始まったのは、２０００年前後のこと。それから20年あまりが経ち、地方の先進企業で機会を得た女性たちが、役職に就くようになってきた。地方で働き続け、ステップアップするロールモデルがようやく誕生したのだ。彼女たちの軌跡を紹介することで、地方で働き続けたいと思う女性たちにキャリアのヒントを届けたい。地方企業で働く女性に対するキャリア指南書としては、日本でほぼ初めてのものになると思う。キャリアの指南として、なぜ管理職をとり上げるのか、疑問に思う人もいるだろう。むしろんキャリア形成において、さまざまな選択肢が尊重されるべきだ。ここで管理職に注目するのは、地方企業の多くにいまなお残る「女性は事務職、男性の補助」というジェンダーバイアスを打破して管理職に就いたことが、地方におけるキャリア形成の新たな可能性を示唆すると考えたからだ。

筆者は、この10年ほど女性リーダーの「一皮むけた経験」について、取材・調査研究を続けてきた。「一皮むけた経験」のルーツは、米南カリフォルニア大学のモーガン・マッコール氏の研究にある。マッコール氏は、米国企業に勤める経営幹部が成長した経験を聞き取り、これを「Quantum Leap Experience」(量子力学的な跳躍となった経験)と名付けた。これを神戸大の金井壽宏名誉教授が「一皮むけた経験」と絶妙の翻訳をして日本に紹介している。[*4]

筆者は、大手企業の女性役員の「一皮むけた経験」を調査・分析し、2020年に『女性リーダーが生まれるとき』として書籍にまとめた。[*5] 今回、地方企業の女性幹部にも同様に「一皮むけた経験」を聞くことで、大手企業の女性役員と比較し、何か特長が見出せるのではないかと考えた。その結果は3章コラムで紹介したい。

本書のねらい

この本をまず届けたいのは、地方の中小企業で働く女性たちだ。筆者はこの30年ほど、働く女性の取材を続け、同時に女性活躍に取り組む企業の調査・研究を手掛けてきた。かつて、働く女性向け月刊誌『日経WOMAN』の編集を手掛けていたころに、地方のある読者から届いた声が忘れられない。「職場では孤独感を抱いているが、この雑誌を手にすると全国に仲間がいると思えて元気になる」という。なぜ孤独なのかというと、もっと働きがいのある仕事をしたいと思うような女性の同僚が周りにいないからである。女性は補助職という枠のなかで仕事をする人が多かったのだろう。いまも、そうした思いを持つ人、何となく閉塞感を抱いている人たちに、本書を届けられたらと願う。

同時に、中小企業の経営者、地方自治体の担当者にも、ぜひ手に取っていただきたい。「女性が働きやすい環境づくり」は、ひとえに経営トップの旗振りにかかっている。さらには、家庭や地域社会のジェンダー意識にも、女性の働き方は大きく左右されるため、地方自治体の果たす役割も大きい。女性の力を生かすことが、地方の浮沈を分けるいま、地域全体でジェンダー平等な社会をつくる取り組みが求められているのだ。

この本には、11人の女性幹部が登場する。取材先は、地方の伝手《つて》を辿りつつ、ダイバーシティ経営などで国や自治体から表彰された企業を中心に選んでいった。北から南まで一社ずつ電話をかけ、趣旨説明をしながら取材先を見極めた。しかし、取材先探しは思いのほか難航した。「経営者の親族以外の女性管理職」という条件を設けたところ、該当者が限られてしまったのだ。地方企業において、経営者の妻、あるいは娘以外の女性が幹部になることのむずかしさを改めて感じた。

取材は2022年から2024年にかけて行い、全国12の道県に足を運んだ。いずれも、正直言って東京からは遠く感じられた。飛行機や新幹線、また特急から普通列車やバス・タクシーに乗り継ぎ、ようやく着いたときは、ホッとしたものだ。旅路で目にした緑から暮らしの豊かさを感じるとともに、人材確保のむずかしさが想像された。そして、その地に根を下ろし、数十年にわたって真摯に仕事に向き合ってきた女性たちの粘り強さに、頭が下がる思いがした。第1章から第3章では、彼女たちの地に足のついた歩みを紹介していきたい。

なお本書では「女性活躍推進」という言葉を使っている。この言葉に「上から目線の言葉だ」などと違和感を覚える女性がいることは承知しているが、ここでは「女性が働きやすく、力を発揮できる職場づくり」という意味合いで表記している。

「ジェンダー平等」という言葉も度々登場する。念のためにここで解説しておくと、ジェンダーとは社会的・文化的性差のこと。「ジェンダーバイアス」とは、生まれ育った環境などから育まれた、女性／男性はこうあるべき、こうあってはいけないという刷り込み・偏見である。そうした男らしさ、女らしさを強制されず、それぞれが個々の力に合った働き方や生き方が実現できる社会を「ジェンダー平等な社会」と表現している。

先述したとおり、地方でキャリア形成をするうえで、ジェンダーバイアスを打破する必要があること、さらには地方創生を目指すならジェンダー平等な社会の実現がカギとなるという問題意識のもと、本書では「ジェンダー」という言葉を用いている。

＊1　「消滅可能性都市896のリスト」（日本創成会議、2014年5月）
＊2　「現代日本の結婚と出産―第16回出生動向基本調査―」（2021年、国立社会保障・人口問題研究所）
＊3　「中小企業白書」（2024年版、中小企業庁）
＊4　『仕事で「一皮むける」　関経連「一皮むけた経験」に学ぶ』（金井壽宏、光文社新書、2002年）
＊5　『女性リーダーが生まれるとき――「一皮むけた経験」に学ぶキャリア形成』（野村浩子、光文社新書、2020年）

目次

第2章

「新卒Uターン」で拓く未来

第3章 出戻り転職で管理職に 135

終章

女性が住みたい地方をつくる

（注1）年齢・肩書きは2024年10月時点
（注2）第1〜第3章の企業は、中小企業基本法により、資本金や従業員数などの経営規模が中小企業と定義づけられる企業

序章

若い女性はなぜ、地方から出ていくのか

山陰地方のある県庁の女性幹部の発言に、言葉を失ったことがある。

女性にとって「働きやすく」「働きがい」のある職場づくりを実現した県内のあるプロジェクトについて、話を聞きたいと申し込んだときのこと。

「このプロジェクトは、女性の働きがい、とは関係ないのです」

こう言い切る県の女性幹部に、重ねて尋ねてみた。

「では、女性の活躍支援策としては、どんな取り組みをされていますか」

「女性に必要なサポートとは、子育て支援。それなら、我が県でもすでに十分な取り組みをしています」

子育てをする女性は支援の対象であるが、働く女性の環境づくりは支援対象とはならないとは、女性を「産み育てる性」としか見ていないのだろうか。出生率を重視するあまり、自治体の取り組みは「子育て支援」に偏りがちだが、はたしてこれが女性の流出減につながるのだろうか。

人口が減るのは女性のせい？

２０１４年、日本創成会議が「消滅可能性自治体」を発表してから10年。[*1] この調査分析を引き継ぐ形で、２０２４年に人口戦略会議が『地方自治体「持続可能性」分析レポート』を発表した。[*2] 消滅可能性自治体は10年前に比べると１５０ほど減り７４４となったものの、大都市圏を除く地方自治体の持続可能性は高まったとはいえない。

地方からの若者流出は続き、日本全体の少子化はより一層進んでいる。これが10年を経ての現実である。

両調査で、消滅可能性をいかに推計したかというと、「20〜39歳の女性人口」の将来動向に着目し、今後30年間で若年女性が50％以上減少するところとした。つまり、若年女性の流出に歯止めをかけ、かつ出産するかが自治体の人口維持のカギとなるとしたのだ。

これには発表当初から、女性の間で違和感の表明が相次いでいた。

「人口が減るのは、女性のせい？」

「産む、産まないは自分で決めたい」

人口減少をくいとめるには、若い女性の流出をくいとめる、つまり出産可能な女性の人口を確保することが必要だという発想に対する反発である。

一方、「消滅可能性あり」とラベルを貼られた自治体のなかには、必死に対策に乗り出したところも少なくない。対策が功を奏して不名誉なラベルを返上したところもあれば、億単位のおカネをつぎ込んで子育て支援策を充実させたにもかかわらず若い女性の流出率が倍増したところもある。明暗を分けたのは、女性、若者、ヨソモノが魅力を感じるような街の魅力づくりに独自に取り組んだか、女性の当事者目線で施策を進めたか、といった点だろう。人口減対策、出生率向上という数字を目標にして子育て支援策をいくら充実させても、若い女性の流出はくいとめられない。では、何が問題なのか。

地方を出るのは「やりがいのある仕事」のため

若い女性がなぜ、地方から流出するのか。東北活性化研究センターが2020年に18歳から29歳の女性2300人を対象に行った調査に、地方で問題意識をもつ人たちは衝撃を受けた[*3]。

地方から転出する理由を聞いたところ、「やりたい仕事、やりがいのある仕事が地方では見つからない」とする人が最も多かったのだ（**図表0―1**）。続いて「東京（東京圏）と比べて年収が少ない」とする人が多い。若者が、収入の少ない地域から多い地域に流出してい

図表0−1　若い女性が東京圏を選ぶ理由
（地方から転出する理由、上位5つ）

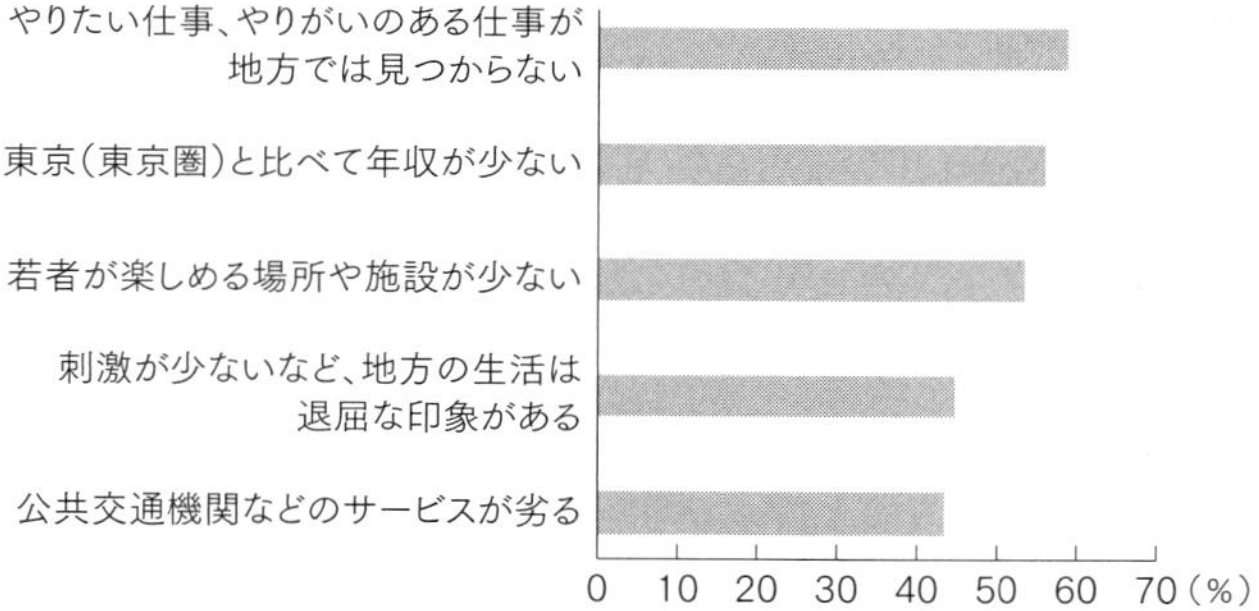

（出所）公益財団法人東北活性化研究センター「人口の社会減と女性の定着に関する意識調査」（2020年）。18歳から29歳の女性2300人を対象に、オンラインで実施。回答の上位5つを抜き出した

くことは、かねてより明らかな相関が指摘されていた。しかし若い女性が地方をあとにする最大の理由が「仕事のやりがい」を求めてという点に、地方の自治体や経済界は驚いた。

地方で就職活動をしようとしたところ「女子は事務職」「専門職採用はしない」と言われたという声はいまなお挙がる。いったんは、故郷の地元企業に就職したものの、大きな男女差に疑問を感じて転職した例もある。新潟の企業をあとにした、ある女性を紹介しよう。

「お茶出しは女性」が適材適所!?

「適材適所で、お茶出しは女子にしてもらいます」

山田友理奈さん（40代、仮名）は入社間も

ない新人研修で、講師を務める先輩社員が発した言葉に、心のうちで「え？」とつぶやいた。北陸地方の大学で理工系学部を卒業し、故郷新潟のメーカーに総合職として就職したときのことだ。

新人研修の一部は男女に分かれて、女子は総務部の女性社員から「お茶出し」の方法を指導される。一方の男子は同じ時間帯に技術系の専門研修を受けており、その研修を受けることを条件に、女子にはない「手当」が出されるというのだ。

技術開発部門に配属された山田さんは、男女同じ仕事を任せてもらったが、プロジェクトリーダーは全員男性。社内を見渡すと、女性管理職はひとりもいない。

就活にあたっては、故郷の新潟に戻ることに迷いはなかった。実家を離れて一人暮らしをした大学時代は、生活費も学費も親から仕送りをしてもらった。故郷に戻ることで、恩返しをしたいという気持ちもあった。ところが、「この会社で働いても、できる仕事に限界がある」と感じ、20代半ばで大手通信会社の新潟支社への転職を決める。そのとき、周りの女性社員は「えっ、（転職なんて）そんな選択肢があったの」と驚いたという。

山田さんは、新しい職場に移って目を見開いた。前職では会議は先輩や上司の話を聞くのが当たり前だったが、「あなたはどう思うのか」と常に意見を求められる。来客の折に、さっとお茶を出そうとすると「それはあなたの仕事ではない。お茶のマシーンがあるから」と止められた。

7年ほど新潟支社に勤め、もっと会社全体を見渡す経営の仕事がしたいと、東京本社の経営企画部に異動願いを出したところ、東京転勤が決まった。社員2万人を超える企業の経営目線に、日々驚くばかりだった。

異動してまもなく結婚し、夫の転勤に同行して2年半の育児休業をとった。しかしキャリアが停滞することなく管理職に登用された。

一方、「もう限界だ」と飛び出した新潟のメーカーでは、20年ほど経ったいまも女性管理職はひとりもいない。山田さんが20代のころに覚えた違和感をいまもひきずる組織風土であることがうかがえる。

いま山田さんは、東京本社で部下12人を率い、テレワークも取り入れたダイバーシティマネジメントで力を発揮する。新潟のメーカーからすると、貴重な人材を流出させてしまったといえる。Uターン組を受け入れる企業が、女性にも「やりがいのある仕事」を用意しているかどうか。ジェンダーバイアスを排して、見直す必要があるだろう。

地方のジェンダー規範は息苦しい

地方で暮らすのは「息苦しい」という女性がいる。その大きな要因は、地域社会、職場、家庭で、固定的な「女性役割」「妻役割」「母役割」を求められることだ。

「結婚して子どもを産まなきゃ、一人前ではない」「『女性らしさ』を生かして仕事をしてほしい」「外で働いてもいいけど、家事・育児は女性の仕事だから」といった発言を生む意識の根底には、「男性は外で仕事、女性は家庭を守る」という固定的な性別役割分業意識がある。こうした分業意識はとりわけ地域社会に根深く、そうした息苦しさから逃れるように、故郷を出て大都市圏で就職する女性もいる。秋田出身の山西沙也加さん（26歳、仮名）も、そんなひとりだ。

東京・大手町の高層オフィス街にあるレストランで、山西さんと会った。流行の紺のダブルのジャケットに、メリハリの利いたメイクがよく似合う。いまは営業部門で、営業管理や新人の教育にあたっているという。

「女の子だから、もう少し家の手伝いをしなさい」「いずれ嫁ぐことになるのだから」

山西さんは、折に触れて母親がこう口にすることに、子どものころから違和感を覚えてきた。中学校の国語教師で野球部を指導する父と、家業をパートタイムで手伝う母。父親が仕事で遅くなると、帰宅するまで食事に手をつけずに待つ母は「三歩下がる」タイプで、何か相談をすると「お父さんがいいと言うならいいけど」と答えるのが常だった。

国際教育で知られる秋田の大学に進むと、全国の難関高校から進学してきた友達は実に多様で、自分の家庭の常識を揺さぶられた。1年間米国の大学に留学した際には、ジェンダーと性的マイノリティについて専門的に学んだ。さまざまな人種、性自認の友人らと議論をするなか、心のうちにある多様性の枠組みに揺さぶりをかけられた。

大学卒業後の就職を考えるとき、故郷秋田での姿を思い描いてみた。「家族の食事をつくるから早く帰らなきゃ」と急いで仕事を切り上げるような生活を送れるのか。町内で「山西家の娘さん、髪の色が派手だね」などと噂をされながら暮らすのか。地域での集まりで、女性はいつも料理給仕で走り回り、男性はどんと構えてお酒を楽しむような席で、自分も「女性役割」を果たしていけるのか。そうした未来は、どうしてもイメージできなかった。

就職活動は、同じ大学出身の尊敬する先輩が働いているというシンプルな理由で、東京に本社をおく大手メーカーに興味をもった。最終面接で「日米で好まれるメイクの違い」に興味があると答えたところ、男性面接官はごく自然にジェンダーの視点をもって質問を返してくれた。そこで「何を性的魅力とするか」について、メイクを切り口に自分の考えを述べたところ、面接官は真剣に耳を傾けてくれた。その後「合格」の知らせが届く。「それぞれの個性をみて、違いを大切にしてくれる会社だ」と感じて、就職を決めた。

「若い女性流出ランキング」上位を占める東北

東北地方は、若い女性の流出率で各県がランキング上位を占める。山形県が２０２１年に県内在住の女性を中心に１１２１人に行った調査からも、性別役割分業に対する違和感がうかがえる。[*4]「これまで山形県での仕事や暮らしの中でモヤモヤを感じたことは？」という問いに対して、もっとも多かったのが「女性への家庭責任の偏り」。これに続いて「狭いコミュニティによる息苦しさ」「『男性（男の子）だから、女性（女の子）だからこうあるべき』という固定観念や慣習」が挙がった。山形県のアンケートレポートは「一番大切なことは若い女性が『いろんな選択肢がある』と感じられることだ」と結んでいる。

男性はこうあるべき、女性はこうあるべき、地域社会に根付く固定的なジェンダーバイアスを払拭しない限り、女性の地方からの流出は続くだろう。

ただし、東京の企業がバラ色かというと、決してそうではない。山西さんは先述のとおり第一志望の企業に就職したものの、時折ため息をつく。伝統的な大手企業が導入してきた一般職、総合職という女性のコース別採用がいまだ続いており、男性管理職が一般職の女性新入社員を「女の子」とうっかり呼んでしまうこともある。

東京の大手企業でジェンダーバイアスが消えたわけではない。ただし地方と東京ではその濃さに明らかに違いがある。その濃淡を、若い女性は敏感に感じ取っているのだ。

若い女性はジェンダー平等地域に吸い込まれる

若い女性の流出率が高い地域、低い地域には、どんな特徴があるのか。女性に関する各種都道府県データ（巻末データ参照）から10のデータを抜き出して、特長を探ってみた。分析に用いたのは、女性の就業率、平均年収、管理職割合などの「職場データ」と、自治会長割合や市議割合という「地域社会への参画度合い」を示すデータ、そして女性の家事・育児割合や合計特殊出生率に表れる「私生活に関するデータ」である。

47都道府県のデータを主成分分析と呼ばれる手法を使い、データを縮約して意味をもつかたまりを導き出した。主成分分析では一般的に、横軸（第一主成分）に度合い（パワー）の強弱が表れ、縦軸（第二主成分）にタイプが表れることが多い。たとえば、学生の全科目成績データを主成分分析を用いて分析すると、横軸に総合成績の高低、縦軸に理系、文系のタイプが表れるといった具合だ。

都道府県別10のデータで主成分分析を行うと、28〜29頁の**図表0—2、0—3**のようなグループがみえてきた。その傾向から、横軸は「ジェンダーギャップ」の大小と考えられる。若い女性の流出の少ない10都道府県では（**図表0—2、0—3**の右側）、ジェンダーギャップが小さい。一方、流出の多い10県（**図表0—2、0—3**の左側）では、ジェンダー平等の推進が停滞している。つまり、ジェンダーギャップの大きい地域から、小さい地域へと、若い女性が移動していることが分かる。

もう少し具体的に、**図表0—3**で各種データがプロットされる位置をみてみよう。ジェンダーギャップの小さなところほど、女性の平均収入が高く、四年制大学への進学率も高い（**図表0—3**右側）。同時に地域社会の女性参画の度合いが表れる自治会長割合、市区会議員割合が高いことから、職場だけではなく地域社会でもジェンダー平等な環境づくりを進める必要があることがうかがえる。女性の就業率や管理職割合も、ジェンダーギャップの小さなところのほうが割合は高めである。

興味深いのは、ジェンダーギャップの小さい群のほうが女性の家事・育児の分担割合も高いことである。この家事分担割合は、女性管理職割合が高い群の近くにプロットされていることから、近しい傾向にあることになる。つまり、管理職として頑張る女性は、家事・育児も頑張って自ら担う傾向にあるということだ。

次に縦軸のタイプ別傾向を読み解きたい。**図表0―3**の上の象限に、女性が家事・育児を多く担う群、そして合計特殊出生率が高い群が位置すること、また管理職割合や自治会長割合の高いグループが位置することから、縦軸の上にいくほど「仕事も家庭もフルコミット」の傾向が強いことがうかがえる。その反対象限にある**図表0―3**下は、仕事も家庭も「マイペース志向」といえそうだ。

これらを総合して、30頁の**図表0―4**のような4タイプとしてネーミングしてみた。**図表0―2**の都道府県マッピングを重ねてみると、右上は東京、大阪、福岡など「仕事も家事もフル稼働」タイプ、右下は神奈川、埼玉、千葉など「都市型マイペースキャリア」タイプ、左上は、長崎、熊本など「家庭重視型」、左下は秋田、福島など「ゆったりペース型」といえそうだ。

読み取れた傾向で重要な点をいま一度まとめると、職場や地域社会でジェンダーギャップが小さい地域に、若い女性は吸い込まれるように移動していく。女性の力も生かした地方創生を目指すなら、地方でジェンダー平等な環境づくりに取り組むことが重要だといえそうだ。

図表0−2　若い女性の人口流出率と女性関連データの主成分分析*

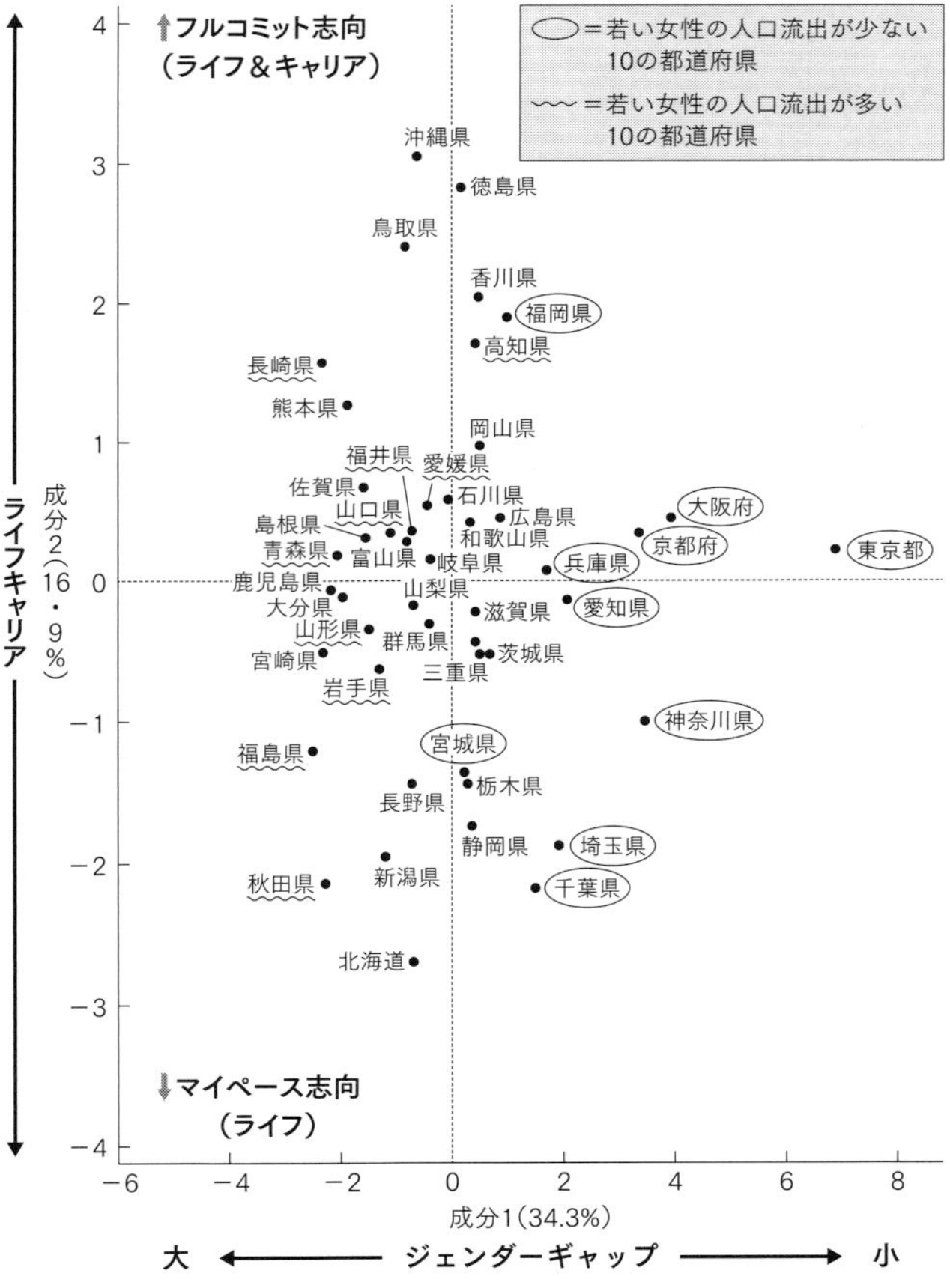

データ詳細は、巻末データ9を参照

ジェンダー平等で遅れをとる地域ほど、若い女性の流出が進む

図表0－3　都道府県別の女性関連データの主成分分析*

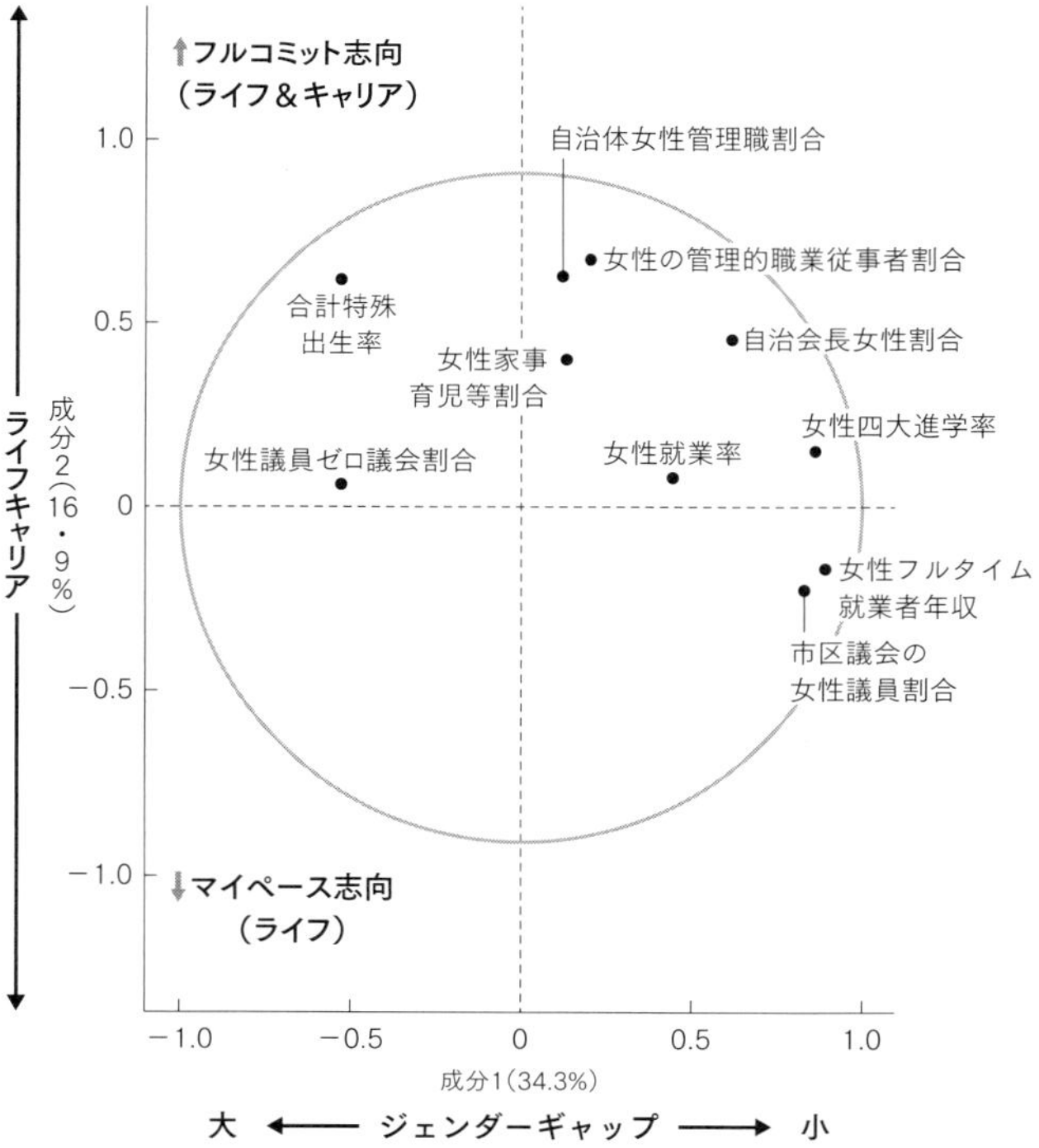

＊主成分分析とは；データを縮約して意味をもつかたまりを導き出すもの

【主成分分析に用いた10のデータ】

女性就業率、女性フルタイム就業者年収、女性の管理的職業従事者割合、自治体女性管理職割合、女性家事・育児等割合（妻が担うケア労働の時間割合）、女性四大進学率、合計特殊出生率、市区議会の女性議員割合、女性議員ゼロ議会割合、自治会長女性割合（データ詳細は、巻末258ページ～273ページを参照）

データ解析／桜美林大学准教授・川崎昌、分析／川崎昌、野村浩子

図表0－4　ジェンダーギャップとタイプによる4類型

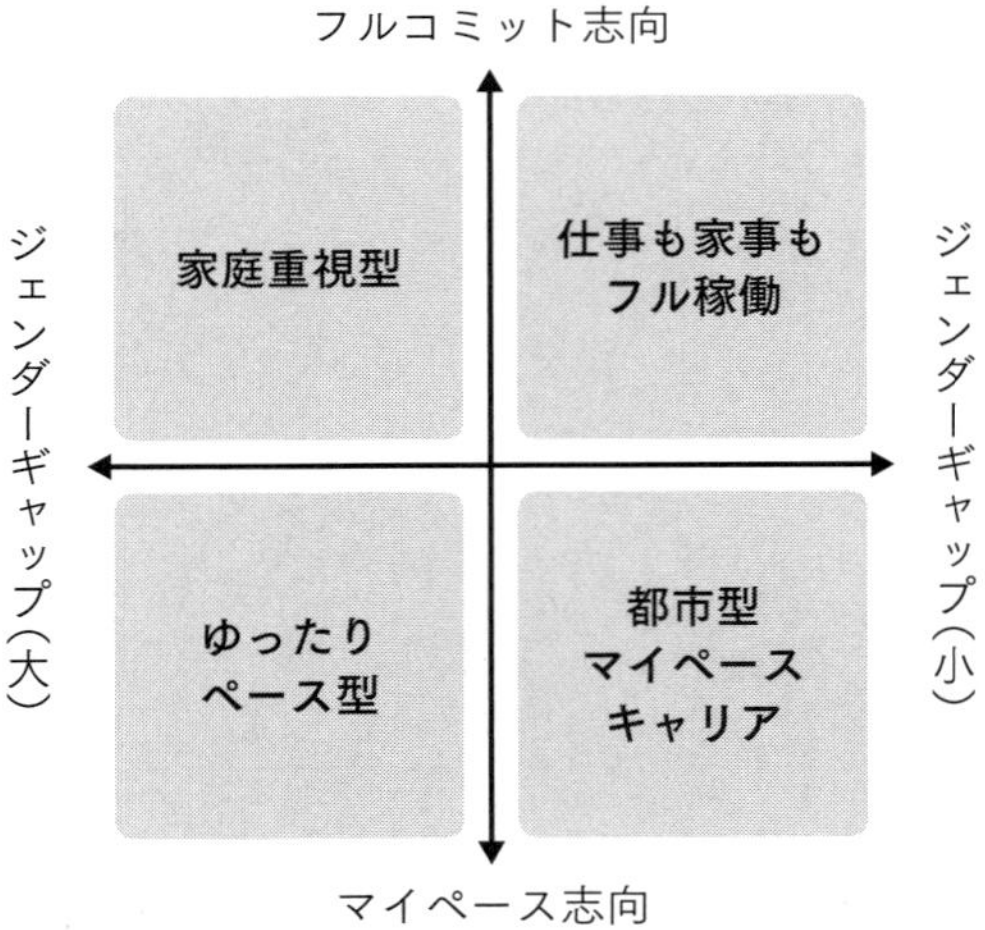

（注）川﨑昌、筆者が作成

＊1　「消滅可能性都市896のリスト」（日本創成会議、2014年5月）

＊2　「令和6年・地方自治体『持続可能性』分析レポート―新たな地域別将来推計人口から分かる自治体の実情と課題―」（人口戦略会議、2024年4月）

＊3　「人口の社会減と女性の定着に関する意識調査」（東北活性化研究センター、2020年）。18歳から29歳の女性2300人を対象に、オンラインで調査。

＊4　「山形県の女性の暮らし方、働き方に関するアンケート調査」（山形県、2021年）。回答者1310人から女性1121人を抽出して集計。調査対象は、山形県在住または山形県へのＵＩＪターン等に関心のある人（学生・生徒含む）で、オンラインで実施。回答者の約半数は20代、30代。

第1章

脱・事務職

「女子は事務職」は時代遅れ

「地元に埋もれている人材をもっと生かすべきです」

若者の大都市圏への流出が止まらない、人手不足が深刻だ――、若者の流出が続くある県で、危機感を抱いた地元経営者らが議論をするなかで、ひとりの女性経営者が真剣な面持ちでこう語った。

「埋もれている人材」とは、チャンスを与えられていない女性のこと。この県では全国水準に照らしても非正規で働く女性の割合が高く、手掛ける仕事は限定的でキャリアアップは望めない。経済的自立もおぼつかない給与水準である。正規になったとしても、管理職に登用される女性は少ない。もっと女性の力を生かせば、組織の成長、地域の成長につながるはずだという意見である。

かつては、地元の高校卒業者が地場産業を支えていた。大学進学率が高まるにつれ、地方では若手人材の確保に悩むようになる。地元の大学卒業生に加えUターン組の大卒を採ろうにも採用難が続くなか、高卒人材を取り込もうという動きが活発化している。2025年卒の高卒の求人倍率は3・7倍となり、バブル期を超えた。[*1] いまや高卒人材は「金の卵」である。

「金の卵」に男女の色分けをして、男性のみに主業務を担わせる余裕など、もはやないはずだ。ところが、長年の性別役割分業から抜け出せない地方企業が少なくない。「地元に埋もれている人材」のなかには、地元の高校を卒業した女性が少なくないのだ。

本章に登場するのは、地元企業で「女性は事務職」といったジェンダーバイアスを突破して、キャリアを築いてきた5人の女性たちだ。地元高校を卒業して地元企業に就職する女性のキャリアにはこれまで光が当たることがなかったが、その地に足のついた歩みを紹介しよう。併せて、彼女たちを経営人材に育てた経営者の手腕にも着目したい。

＊1　令和6年度「高校・中学新卒者のハローワーク求人に係る求人・求職状況」取りまとめ（2024年、厚生労働省）

30代半ばで正社員となり経理の道を究める

ケース 1

前田産業ホテルズ（沖縄県名護市）財務・管理部次長 **山田リサ** さん（50）

照り付ける強い日差しを受けて濃く黒い影が伸びるように、沖縄の女性たちの数字からもまた、光と影が浮かんでくる。女性の就業率が全国平均を上回るものの、フルタイムで働く女性の年収は全国平均よりも40万円弱低く、非正規で働く人の割合は全国平均を上回る。

主要産業のひとつである観光関連業でも多くの女性が働く半面、女性の活躍が十分とはいえない。沖縄県のデータをみると「宿泊業・飲食サービス業」で働く従業員の女性割合は6割弱と高いが、パートタイムで働く人が多く、女性管理職比率は約2割である。そのなかで、女性経営者のもと活躍する女性管理職がいると聞き、筆者は沖縄県に飛んだ。

那覇から北へ車で約1時間。名護市の中心部に本社をおく前田産業ホテルズを目指した。同社は、沖縄北部を中心に5つのホテル、マルシェを経営する。創業の地は、名護市の中心部から車で3分ほどのホテルゆがふいんおきなわ。名護湾に面し、眼前には真っ青な海が広がる。斜め前には日本ハムが毎年キャンプを行う野球スタジアムを望む。

話を聞いたのは、財務・管理部次長の山田リサさん。30代半ばで同社に転職して経理財務畑でキャリアを積み、２０２３年次長に昇進した。オーシャン・ビューの光まぶしい会議室で聞いたキャリアヒストリーは、実に骨太のものだった。

社会に「居場所」が欲しくて正社員に

「妻でもない、母でもない、社会のなかで居場所が欲しい」

山田さんは30歳を超えたころ、こんなヒリヒリする思いを抱えるようになった。20代で結婚し、３人の子どもに恵まれてからは非常勤として働いてきた。経理という手に職がありながらも、子育てとの両立を考えて無理なく続けられる職場を選んできたのだ。

夫の故郷、宜野座村で実家の隣に家を構えてからは、親戚の紹介で村役場に勤めていた。沖縄本島の中央部東海岸に面する宜野座村は、「水と緑と太陽の里」とうたうだけあり、豊かな自然に囲まれた地で、本土からの移住者が相次いでいる。山田さんの自宅の周りはのどかなサトウキビ畑が広がり、近くの道路は野生のマングースや亀が、のんびり横切ることもある。自宅からほど近い職場は、子育てしながら働くには絶好の環境だった。

しかし、あるときから疑問が膨らんでいく。新人の正職員に、議会予算の組み方など、財務、税務の仕事を教える役目を担いながら、山田さん自身は非常勤職員。給与は新人のほうが高かったのである。

「新人のほうが給料がいいし、一生公務員として身分が保証されている。でも、私はどう頑張っても臨時職員のままだ」

仕事は生活の糧を得るためと割り切っていた。電気工事業を営む夫との共働きながら、3人の子どもを育てるための教育費、生活費のために働いてきた。ところが、それでいいのかという思いがわいてきたのだ。

「一生、パートの職員では嫌だ。社会のなかで、山田リサという存在になりたい」

正社員となりキャリアを積んで、さらに経済力をつけたい、そう心に決めてハローワークに足を運んだ。ここで出合ったのが、前田産業ホテルズの求人広告だった。

「経理職。正社員で長く働ける人、キャリアアップをしたい人を求む」

この言葉が、キラキラ輝いて見えた。「ちむぐくる（真心）をもっておもてなし」をすることをクレド（経営信条）として「ちむぐくれど」と名付けて社員で共有していることにも、心動かされた。

「土日出勤ありのフルタイム勤務」に親戚からの非難

無事に採用が決まってからは、家族会議だ。何しろ、車で片道1時間強の職場に通うことになり、ホテルのため土日の勤務もある。夫はすんなり「いいんじゃない」と賛成してくれた。次は３人の子どもたちだ。お母さんは、もっと仕事をしたいこと、夜遅くなる日もあること、お稽古ごとには子どもだけでバスで通うことになると丁寧に説明した。

子どもたちは、こくんと頷いた。

「うん、わかった。お習字のお稽古には、バスに乗っていくんだね」

子ども３人とバスに乗ってお稽古に行く練習を重ね、長男が妹弟の手をとってバスに乗ることになった。しかし、いざ始めてみると、いろいろなことが起きた。バスに揺られているうちに３人とも眠り込んでしまい、30分ほど経ったところで目を覚まして慌てて降りたものの、どこにいるか分からないと涙声で職場に電話をかけてきたこともある。バス停で子ども３人がランドセルを抱えてうたた寝をしている姿を見た親戚の人から「とんでもない母親だ」「そこまでして働かないといけないのか」と非難されたこともある。

しかし、山田さんは動じなかった。自身も小学生のときは1時間のバス通学をしていたから「大丈夫、うちの子たちは大丈夫」と揺らぐことがなかった。

夫は、妻の思いを理解して、家事・育児も分担してくれた。しかし料理は苦手。そこで山田さんは1カ月分のメニューを考えてレシピファイルをつくり、1週間分の食材をまとめて買い出しするようにした。休みの日に数日分まとめてつくったり、出勤前に食材を切りそろえたりと工夫をこらし、食材保存のために冷凍庫を買い足した。

最大の問題は、年に一度の「シーミー（清明）」の日だ。先祖をうやまうシーミーは沖縄では重要な行事で、お墓の前に親族一同が集まり、墓の前にシートを敷いてみなで重箱の料理を囲む。時には三線《さんしん》に合わせて島唄がうたわれることもある。山田家も数十人が集まる賑やかな日となるが、ホテルにとってもシーミーは年に一度の大きなイベントのため、休むわけにはいかない。

そこで朝5時くらいから夫の実家で重箱料理を用意して、8時には抜けて職場に向かう。夫の父はこれが面白くない。

「シーミーに来ないヨメなど、うちの墓に入れるわけにはいかない」

こう言って渋い顔をするのだ。共働きの最大の難関は、親戚の目だった。

夫は「まあ昔の人だからね。気にしなくていいよ」ととりなしてくれた。山田さん自身は、周りの目を気にして会社を辞めようと思ったことは一度もなかった。

「お母さんは、毎日楽しそうに会社に行っていたよね」

社会人となった娘が、こうつぶやいたことがある。母の背中を見ていたからか、娘もまたキャリア志向だという。妹、弟を連れて書道塾に通った長男は、小学生のころから書の道を志すようになり、東京の大学さらには大学院に進んで、書家となった。

山田さんが正社員を目指したもうひとつの理由は、経済力をつけて子どもが望む進路をかなえてあげたいというものだった。自身が大学進学を断念した無念さもある。子どもたちが羽ばたいていく様をみると、大きな目標のひとつは達成できたといっていい。

組織再編を提案、３カ月かけて根回し

仕事のうえで転機となったのが、経理の組織の再編を手掛けたことだ。親会社から経営判断をより早めるために月次決算の締めを前倒しにしてほしいという要請があり、当時係長だった山田さんが経理体制の刷新を会社に提案した。当時は６つのホテル、施設に分かれて常駐していた経理スタッフをひとつの事務所に集めることで、効率化をはかろうとしたのだ。

そのころ、経理は本来業務のほかに、クリーニングの検品や飲食メニューの用意まで雑多な業務を引き受けていた。現場の支配人からは猛反対の声が上がった。

「誰が印鑑を押すんだ」「誰が釣銭を用意するんだ」に始まり、「誰が電話を取るんだ」「誰がゴミを捨てるんだ」と反発は大きかった。

山田さんはここでもひるまなかった。

「それは経理の仕事でしょうか」

「それでお客様の満足度が上がっているのですか」

「経理が助けることで、みなさんの成長の機会を奪っているのではないですか」

3カ月かけて現場を説得し、各ホテルの経理をひとつの事務所に集めた。

すると業務効率は格段に上がった。まずは経理担当を現場から切り離したことで、利益を出すためには何が必要か、何を改善すべきか、という財務の本来業務に集中できるようになった。さらに働き方改革にもつながった。管理職は休日出勤ありきで仕事を回しており、残業時間は月70時間ほどに及んでいたが、これが激減した。山田さんは月に数日しか休みを取れなかったところ、月6日は休みを確保できるようになった。

同社の前田裕子（57）会長は、山田さんのことを「なめられない女」だと評する。課題解決に向けて理路整然と他部署に向けて説明し、毅然とした態度で動くことができるという。

山田さんの改革はこれに終わらなかった。経理部門を集約して沖縄美《ちゅ》ら海水族館にほど近い「ホテルマハイナ　ウェルネスリゾートオキナワ」の一角に事務所を構えていたが、これを車で30分ほどの本社オフィスに移転することを提案した。本社総務や経営部門と席を並べることで、より経営判断に貢献したいと考えたのだ。

現場にいると、プールで遊ぶ子どもの声が聞こえてくるなど、ホテルの営みを肌で感じながら顧客や従業員の声を聴くことができる。一方で「情に流されてしまう」デメリットもあると考えた。現場から離れることで「冷静にぶれることなく判断ができ、物事をより俯瞰することができる」ようになったという。

業務改革が成功する陰で、改革派の山田さんに対して、面白くないと考える男性管理職も出てきた。「売上を上げているから、いいだろう」と、ある男性管理職が目に余る行動を取るようになった。旅行会社との契約書を社内規定どおりに結ばない、備品の購入に必要な稟議書を出さない。山田さんが「それについては会社の規定があり、役員承認も必要です」と指摘したところ、「手続きが必要なら、経理がやっておいてくれ」と取り付くしまもない。ひるまず対応する山田さんに対して攻撃をするようになり、定例の店舗会議で、「女のくせに」「更年期じゃないの」という暴言まで飛び出すようになった。

これには精神的にまいってしまい、「退職願い」を出すほど思いつめた。「こんなことでキャリアを決めるのはもったいない」と上司が丁寧にフォローしてくれ、結局辞表は取り下げることになった。

女性管理職が毅然とした態度で改革を先導すると、社内で風あたりが強くなる。「たとえ反対されてもやり抜く」という覚悟で組織再編を成し遂げ成果を出したものの、男性中心カルチャーからの抵抗もまた厳しいものだった。

商業高校時代は簿記大会の沖縄代表

山田さんは、県内の商業高校を卒業して以来、一貫して経理畑を歩んできた。大学進学をあきらめたのは、長女なので早く社会に出て母親に楽をさせたいという思いがあったからだ。母はスナックを経営しながら、シングルマザーとしてきょうだい3人を育ててくれた。山田さんの父は米軍関係の米国人と聞いているが、顔も名前も知らない。近くに住む祖父からも可愛がられ、大事に育てられてきたものの、裕福な家庭ではなかった。

手に職をつけようと高校で簿記会計を学んだところ、これが「楽しくて楽しくて」。高校でただひとり、全商簿記1級まで取得した。簿記大会の沖縄代表に選ばれて、東京の大会までひとり出かけたこともある。このころから「経理ウーマンになりたい」と将来の道を思い定めていた。

部下は現在13人、財務部長とともに育成にあたる。いま後輩たちに伝えたいのは、「財務の仕事は、ホテルの羅針盤」だということだ。ホテルのフロントやセールスのような花形部署に比べると経理財務は地味な仕事のため、事務職のなかにひとくくりにされることもある。しかし、山田さんは、誇りをもって言い切る。

「利益を伸ばすのも、財務次第。私たちにかかっている」

後輩らには、経営判断にかかわる要となる仕事だと説いている。

前田産業ホテルズは、現在女性社員が約４割を占める一方、女性管理職は約１割。沖縄の女性管理職比率16％に比べると、高い水準とはいえない。山田さん自身は、前田裕子会長や、元総支配人の福澤奈美さん（54歳、現在は名護市議会議員）の姿を追ってきた。２人は子育てしながら働き続けたロールモデルでもある。福澤さんは40代で２人目、３人目の子どもを出産し、２年続けて育児休業を取得。社内の育休取得第１号であり、女性課長第１号でもあった。部下が保育園のお迎えに間に合いそうにないとみるや、かわりにお迎えをかって出る、福澤さんのそんな姿をみてきた。

前田会長からは「あと10年もしたら、もっと楽しくなる。（職場を）変えていくこともできる」と励まされてきた。「私はもっと上を目指したい」と迷いなく言えるのも、こうした後押しのおかげだろう。

２０２４年春、山田さんは後進の育成に加えて、新たな使命も担うことになった。前田産業（旧）が、資産管理会社の前田産業とホテル運営会社の前田産業ホテルズに分社化し、再出発をすることになった。コロナ禍で膨らんだ債務を引き受ける前田産業は、グループ全体の支援を受けつつ債務解消を目指す。

山田さんは財務担当として、再生に向けて経営判断に必要な財務データを提供していくと、覚悟を新たにしている。

山田リサ さん(50)

プロフィール

1973年、沖縄県宜野湾市生まれ。1992年沖縄県立中部商業高等学校卒業。金融会社などで経理事務に従事。22歳で結婚、20代で3人の子どもを出産、子育てをしながら非正規で経理の仕事を続ける。2007年、前田産業(現・前田産業ホテルズ)入社。2023年財務・管理部次長。同居家族は夫と息子1人(子ども2人は独立)。趣味はヨガ。自分と向き合う大切な時間だ。

ホテルゆがふいんおきなわで、前田会長(右)と山田さん

前田産業ホテルズ

- 本社:沖縄県名護市
- 創業:1986年
- 従業員数:333人(正社員187人、契約社員7人、パート・アルバイト社員139人)
- 女性社員割合約4割(女性管理職10%)
- 事業内容:沖縄北部を中心に5つのリゾートホテルとマルシェを経営する。前田産業ホテルズは、1933年創業の建設会社・屋部土建を中心とするゆがふグループ会社のひとつ。2024年に資産管理会社・前田産業と、ホテル運営会社・前田産業ホテルズに分社化し、コロナ禍で膨らんだ債務解消をめざす。

ケーブルテレビの飛び込み営業から女性初の取締役へ

ケース②
秋田ケーブルテレビ（秋田県秋田市）
常務取締役　**飯塚雅子**さん（51）

秋田は、全国でも高齢化の進むスピードが最も速い。今後30年で生産年齢人口が約半分となり、65歳以上の占める割合が50％を超える見込みだ。

とりわけ若い女性の流出率の高さが問題となるなか、地元で働き続けるロールモデルとして注目を集めるのが、秋田ケーブルテレビ常務取締役の飯塚雅子さん（51）。県内の高校を卒業後、養護教員を目指していたが、県内大学への進学はかなわなかった。そこで祖母の介護をしたり、秋田県庁で4年間嘱託職員として働いたりしたのち、23歳のときに当時立ち上げ間もなかった同社に応募した。父親が「県や市も出資しているから、安心では」と勧めてくれたのだ。

飛び込み営業が「楽しくて仕方なかった」

秋田ケーブルテレビの面接を受けた飯塚さんは、営業職での採用と告げられ動揺した。漠然と、仕事をするなら事務職というイメージがあったのだ。営業と聞くと、ノルマを達成できないとペナルティを科せられるという偏見まであった。

「営業なんてムリムリ。初日で辞めてしまう」

会社の外に出るやいなや車に駆け込み、親に電話をして泣きついた。

「まずはチャレンジしてみたら」

両親からこう諭されて、ならばと入社を決める。

任されたのは、訪問販売の仕事。ピンポーン、と戸建てやマンションのインターフォンを鳴らしては、玄関先で「秋田ケーブルテレビです」と名乗り加入を勧める。なんとこれが、「楽しすぎた」。

秋田ではＴＢＳ系列の番組が放映されていないが、ケーブルテレビの会員となれば、観ることができる。「ＴＢＳ観られます」「へえーそれって何？」と訪問先は興味を示してくれる。そこからは、相手の関心事と自分の興味をつなぎ合わせて、会話を弾ませた。高校時代ソフトボール部だったこともあり、野球好きのおじいさんとどんどん話が弾む。

「知らない人との会話ってなんて楽しいんだろう」

いつの間にか、営業の魅力にはまっていた。

契約にあたっては、通常一軒あたり1時間ほどの時間がかかる。効率よく仕事をするにはどうしたらいいのか、いかに多くの契約を取るか――。頭をひねり辿りついた答えが、「お客様のペースに合わせること」。主婦の生活時間帯に合わせて訪問するなど、相手のライフスタイルに合わせて訪問するのだ。工夫をこらして、1日で20件の契約を取ったこともある。いつしか、営業成績トップを何度も記録するトップセールスレディになっていた。

キャリアの本格的なスタートで、「数字を出せたことは大きかった」と飯塚さん。営業部門では、契約額が会社への貢献の指標となる。自分自身も、ここまでできると自信をつけることができた。飛び込み営業が、その後のキャリアを拓く起点となったのだ。

「女子は事務職をしていればいい」わけじゃない

秋田市内で生まれ育った飯塚さんは、故郷を離れることは一度も考えたことがないという。

「秋田が好きすぎて」

玄関にカギをかけずに外出できる安心感があり、ご近所同士で支え合う土地柄でもある。美味しい食材がふんだんにあるし、自然も豊かだ。父は公務員、母は専業主婦という家庭で、居心地のいい家族からひとり離れるという選択肢がなかった。

温かな繭《まゆ》に包まれたような生活から、一歩外に出たのが、秋田ケーブルテレビへの就職だった。ここで中途入社組の女性の先輩たちの仕事ぶりに触れたことで、仕事観がガラリと変わる。入社当時は社員二十数人で、創業まもなくの組織はまだ混沌としていた。そのなかで、外でキャリアを積んできた先輩らは「もっとここはこうしたほうがいい」とはっきり自分の意見を口にする。他の社員とやり合う姿は「ケンカをしているのか」とハラハラするほど迫力があった。

「女性はおとなしく事務の仕事をしていればいいわけじゃない」

目を見開く思いだった。女性の先輩らが、各部署でリーダーシップを取る姿も新鮮だった。「リーダーは男性がなるもの」という常識もまた覆された。

営業部では、個人宅への訪問営業に始まり、その後は電気店に加入代理店となってもらう営業、コールセンターでの電話対応、顧客感謝祭の企画など、さまざまな経験を積み、課長、部長へと昇進した。

38歳のとき、驚きの辞令が出る。まったく未経験のコンテンツ企画部長への異動である。「私になんかできない」という言葉をのみ込んで、異動が発令された理由を考えた。営業経験を生かして、また女性の視点をもって番組制作をするようにという期待を込めての人事だろう。「期待されているなら応えたい」と覚悟を決め、「やらせていただきます」と上司に伝えた。

ここでは企画力と、秋田県内に築いてきた人脈が生きた。知人の地元タレントをＭＣに迎えて、会社として初のチャレンジとなるバラエティ番組を立ち上げた。スタジオは手づくり。スタッフが駆け回って集めた小物などを使い、ビルの一室をＤＩＹでスタジオにつくり替えた。

吉本興業所属の落語家と地元タレントが、ＤＪイベントやパラグライダーを体験するなど、秋田での楽しい遊びを紹介する番組も始める。反響は大きかった。タレント発信のＳＮＳで認知度も高まり、秋田各所から「うちも紹介してもらえないか」という申し出が次々寄せられた。

スポーツや、年１回の大イベントである秋田竿燈《かんとう》まつりの中継も始めた。何しろ中継には不慣れだったため、血の気が引くような失敗もした。大通りの通行止めの間に引くはずの中継用のケーブルを１本忘れてしまい、「本番に間に合わない！」と肝を冷やしながら、なんとか間に合わせたこともあったという。

初の女性取締役に

心持ちが大きく変化したのは、41歳で取締役に就いてからだ。2015年の株主総会で、同社初の女性取締役に就任した。会社の将来を見据え、社員とその家族を支える重責が肩にのしかかってきた。六十数社の出資企業の支えがあり、25年以上にわたり地元から期待されてきたことを改めて痛感した。これまで経験してこなかった経理財務や会社法の勉強も始めた。取引先銀行との駆け引きや弁護士とのやり取りなど、知らなかったことばかりだ。

他の役員はかつて親会社だった日商岩井（現・双日）の出身者で、秋田出身の常勤役員は飯塚さんひとり。自身の役割は内部昇格で役員になるモデルとなること、そして生まれ育った秋田とのつながりを生かすことだと考えている。

同社は県内の由利本荘市からケーブル事業者としての指定管理者の認定指定を受けたばかり。エリア拡大が成長戦略のひとつであるなか、飯塚さんは由利本荘プロジェクトの「切り込み隊長」を名乗り、秋田市内から車で1時間ほどの由利本荘市に社宅兼事務所の部屋を借りた。会社の本気度をみせるためだ。「こうして動けるのも独身だから。自分のできる役割を果たす」と飯塚さん。

取締役となり、付き合う相手も大きく変わった。秋田経済界の経営者や株主などと、秋田の未来を見据えて議論をする。さらに視野が全国に広がったのは、２０１７年度から２０２０年度にかけて、全国３８０社ほどが加盟する日本ケーブルテレビ連盟の女性活躍推進部会の部会長を務めてからだ。

業界の女性活躍の推進役を託され、全国のケーブルテレビを巡り女性社員と対話をした。「女性が管理職になりたがらない」と嘆く経営幹部には「女性には秘めたる思いがある。だから背中を2回も3回も押してあげてほしい」と語りかける。こうした活動、そして地域貢献の実績が認められ、２０２２年には情報通信および放送の発展に貢献した人に贈られる「前島密賞奨励賞」を受賞した。

ピンポーンと呼び鈴を鳴らす訪問営業からキャリアをスタートさせ、全国放送業界でも栄誉ある賞を受けるまで道を切り拓いてきた。東京で行われた授賞式に参加した飯塚さんの笑顔は、実に晴れやかだった。

従業員を全員「正社員化」

末廣健二社長（63）は、飯塚さんを「頼り上手、頼られ上手、人を大事にする」と評価する。飯塚さんのもつ行政、メディア、スポーツ界、経済界など業界を問わない地域のネットワークが「プロジェクトを走らせるとき、実に頼りになる」という。

日商岩井（旧）出身の末廣社長は、新規事業を次々打ち出し会社を拡大路線に導くなか、人事制度の改革も進めてきた。２０１７年には全従業員の３割近くを占める非正規社員26人を無期雇用として「全員正社員化」を進めた。

当時派遣社員だった女性スタッフが正社員となり、その後昇進してコールセンターのマネジャーを務める例もある。現在管理職は、本部長、部長は全員男性だが、その下のマネジャーには女性が４人。末廣社長は「２０３０年には、管理職も役員も男女半々にする」と言い切る。

人事面でいまなお残る課題もある。ひとつは、大卒の新卒女性がなかなか定着しないことだ。配偶者の転勤で東京や札幌など大都市に転居するため退職する人が、ここ数年相次いでいる。「夫を秋田に連れてくるくらいの企業ブランド力にしたい」と末廣社長。

もうひとつは、従来の働き方を変えたくないシニア社員がいることだ。ケーブルテレビ事業でも、インターネットやスマートフォンを使いこなせない人は、後れをとってしまう。さらには、妻が専業主婦であることを前提とする男性中心の構造こそが問題だとして「古い仕組みをぶちこわさないといけない」と末廣社長の言葉は力強い。

飯塚さんもまた、経営陣のひとりとして改革を担う。飯塚さん自身は振り返ると、仕事に没頭する日々だった。「休日に出勤するな」と上司から怒られたこともあれば、徹夜仕事で早朝帰宅したこともある。仕事が楽しくて走り続けてきた。しかし、いまの時代にそうした働き方が通用しないことは重々承知している。

人事担当時代にはフレックス勤務のコアタイムを3時間に縮めて利用率を高め、子育て社員が働きやすい環境をつくってきた。現在は事業所内保育園の取締役も務める。本社オフィス棟の傍らにある保育園の利用者は、社員と地域住民がほぼ半々。あるとき、仕事を探しているというグラフィックデザイナーの保護者に出会い「じゃあ、うちで時短勤務で働かない?」とスカウトしたこともある。ケーブルテレビの番組MCが保育園を利用して仕事を再開し、のち営業部のマネジャーに転じた例もあるという。保育園はキャリアの転換点を支える場となっているのだ。

飯塚さん自身は、かつて二回り上の社長にメンターとなってもらい、仕事の相談にのってもらっていた。いまでは、社員の声に耳を傾ける立場にある。さまざまな社員の思いを十分に吸い上げられているか、心を砕く日々だ。

飯塚雅子 さん（51）

プロフィール

1973年秋田県秋田市生まれ。1991年秋田県立秋田北高校卒業。1998年秋田ケーブルテレビ入社、営業部に配属。2004年営業部営業企画課兼加入促進課課長、2005年営業部部長代理、2009年営業部部長。2015年同社初の女性取締役、2022年常務取締役に就く。事業所内保育園の運営会社取締役も兼任する。趣味はロックフェスティバルとトレイルランニング。

末廣社長（左）と飯塚さん

秋田ケーブルテレビ

- 本社：秋田県秋田市
- 創業：1984年
- 従業員数：115人（正社員99人、嘱託社員3人、臨時雇用13人）
- 女性社員割合約5割（女性管理職22％）
- 事業内容：放送、インターネット、固定電話を主要3業務とする。グループ会社では高齢者支援、子育て支援、エンターテインメント事業も手掛ける。経営理念は「繋がる楽しさ　広がる暮らし　秋田とともに未来を創造」

全国表彰で自信をつけ、経営幹部に

ケース③

ワタキ自動車（兵庫県豊岡市）
専務取締役 **岡本典子**さん（50）

兵庫県豊岡市は、「ジェンダーギャップの解消」を全国に先駆けて看板に掲げた自治体である。2021年3月に「豊岡市ジェンダーギャップ解消戦略」を策定した。その書き出しは「気が付くと、若い女性がまちからすーっといなくなっていました」というものだ。十代で進学などにより転出した若者のうち、男性は2人に1人が二十代で地元に戻るのに対し、女性は4人に1人しか戻らない。女性が住みたいと思う街をつくらない限り、衰退の道を辿るのみという問題意識である。

2018年には、男性中心の働き方を変革しようと、市内事業所が参画して「豊岡市ワークイノベーション推進会議」を立ち上げ、研修やワークショップなどで地元企業の変革を促してきた。女性社員を育成する機運は高まっているが、管理職の登用にはあと一歩というところが大半だ。そのなかで、いち早く女性幹部の育成に取り組んできたのが、市内のワタキ自動車である。

「女に車のことは分からないだろう」

京都から山陰本線に乗り、特急で2時間半。志賀直哉の小説『城の崎にて』で知られる城崎温泉のひとつ手前の豊岡駅に降り立つ。駅から7分ほど歩くと幹線道路沿いにワタキ自動車の看板が見えてくる。ダイハツの販売代理店であり、奥には整備工場を備える自動車整備会社で、従業員は25人である。

専務取締役として現場を取り仕切るのは、岡本典子さん（50）。地元の高校を卒業後、但馬信用金庫に入社した。退職して2児の母となるも離婚、3歳と1歳の娘を抱えてハローワークに駆け込んだ。そこで紹介されたのが、ワタキ自動車だった。高校時代の通学路にあった会社で馴染みがあった。父親がタクシーの運転手だったこともあり、車に関わる仕事もいいかもしれない、と漠と思ったという。

岡本さんがハローワークから紹介を受けて面接で訪れたときのことを、上田直樹社長（58）はよく覚えている。子ども2人を抱えたシングルマザーで「切迫感がにじみ出ていた」。しかし、別の新卒女子に内定を出したばかりで、もうひとり採用する余裕はなく「就活頑張ってください」といった感じで送り出した。

その晩、岡本さんから電話がかかってきた。

「両親が子どもをみてくれることになりました。ぜひ宜しくお願いします」

上田社長はピンときた。根性がありそうだ、前に出ていくタイプなのがいい、と思ったのだ。パート社員として入社してもらうことを、その場で決めた。

入社した岡本さんは店舗の窓口担当となり、車の修理や車検の依頼に対応することになった。いきなり接客についたものの、車の知識がない。車の不具合を訴えられても専門知識がなくて満足な対応ができず、顧客から怒られた。自分が情けなくなり、泣けてきた。

「泣けばすむと思うなよ」

さらに怒られた。

「すみません、10分ください」

こう言って、トイレに駆け込んで泣いた。怒られ、涙をこらえながら対応した顧客とは、その後不思議と仲よくなったという。

入社した2000年当時、車業界は完全に「男の世界」だった。整備士の男性からは日々厳しい言葉をかけられた。

「女に車のことは分からないだろう」

「事務員はコピーだけ取っていればいいんだ」

こう言われたが、食い下がった。

「お客様のために、会社のために、私ができることは何でしょうか」

コピー取りのために会社に入ったのではない、自分で判断できるようになりたい、と必死だった。車の整備について知識を蓄えていくと、男性整備士の態度も次第にかわっていった。

「俺の言うことだけやっていればいい」と言っていた整備士から、「頼むよ」と言われたときは、思わず笑みがこぼれた。

入社間もなくのころは「何度も辞めたいと思った」と笑う。それでも踏ん張ったのは、娘2人の姿が頭に浮かんだから。

「子どもたちがいなければ、ここまで来れなかったと思う」

実家暮らしで、家事は母親に頼ってきた。働いて稼がないといけない、娘たちに欲しいものを買ってあげたいという思いが原動力になった。

全国表彰でつけた自信

上田社長はある日「損保会社の宿泊セミナーに参加しないか」と岡本さんに声をかけた。

車の整備の受付窓口では損害保険の扱いもしており、取引先の損保会社から窓口担当者向けの接客セミナーの案内が届いていた。上田社長は、岡本さんの仕事ぶりを見守りながら「下の子どもが小学校4年生になれば出張もできるだろう」と、待っていたのだ。

なぜ子どもの年齢まで分かるのだろう。実は上田社長は、従業員の子どもの誕生日には欠かさず1000円の図書カードを贈っている。従業員一人ひとりの子どもの成長をみながら、どこまで仕事ができるか、細やかに見極めているのだ。

岡本さんが受講したのは、千葉県で行われる女性対象の1週間のセミナーで、受講料は8万円ほど。会社に費用を負担してもらい、さらに1週間も会社を抜けるとあって恐縮しながら参加した岡本さんは、ここで一皮むける経験をする。

整備や車検の受付業務、損害保険の販売にあたりどのように顧客に対応して納得してもらうか。その接客姿勢が高く評価され、接客場面がＤＶＤ教材に収められて全国の損保代理店に配られることになったのだ。初めて会社の外で認められたことで、自信がついた。

「入社8年、悶々としてきましたが、ようやく会社のお役に立てていると思えた」

では、どんな接客が評価されたのか。車の不具合で訪れた顧客に対して、窓口でよく口にされるのは、こんな台詞だ。

「この車も古いですからねえ。まあ仕方がないですね」

ところが、岡本さんがかける言葉は違う。

「大事に乗っていらしたのに、具合が悪くなったのはなぜでしょう」

「お困りでしたね」

どんな車も、その人にとっては唯一無二の愛車である。長年大事に乗ってきたことを認めれば、整備代も気持ちよく支払ってくれるという。

こうした対応で顧客と親しくなるうちに「新しい車が欲しいんだけど」という話になる。1台、もう1台と車を売るようになった。車の販売でも、岡本さんの接客姿勢が光ることになる。とにかく顧客の話に耳を傾ける。

「この車でどんなことをされたいのですか」

傍らに並ぶようにして、顧客がこれからの人生をともにする車のストーリーを共有する。従来の値引き競争とは一線を画す、共感型営業である。ちょうどそのころ、自動車メーカーが女性向けの車を開発して販売に力を入れ始めたころで、岡本さんの営業手法が顧客の心をつかんだ。

営業成績を伸ばし、２０１３年に販売部部長に昇進。いつしかダイハツ但馬でトップセールスを記録するようになる。

尻込みしていた幹部昇進

２０１７年には専務取締役に就任、順調に駆け上がったかに見えるが、実は管理職を引き受けることには尻込みをしていた。そんな岡本さんを、上田社長は社外に連れ出した。

ひとつは、兵庫県中小企業家同友会。岡本さんはここで異業種の社長らと知り合う。あるとき、経営幹部になることについて、大手製造業の社長に思い切って相談してみた。するとにこやかにこう返された。

「大丈夫だよ。役職を引き受けると成長するものだから」

この言葉に「背中を押してもらいました」と岡本さん。

さらに上田社長の推薦を受けて、兵庫県の自動車青年会議所にも参加することにした。会員資格は45歳以下で、会社の後継者と目されること。入会を申し込んだところ「初の女性会員」となることから事務局は驚いたらしい。

理事会で無事承認され、晴れてメンバーに加わると、新たな仲間を得ることになった。

「部下が辞めたいと言うとき、どう対応している?」といった悩みを相談したり、経営者として課題を共有したり、対話から気付きを得て視野を広げていった。「少しでも会に貢献したい」と積極的に動いて、2年目には推されて副理事に就任した。

唯一の女性会員だから、すぐに名前を覚えてもらえて、周りからどんどん話しかけられる。知り合った他県の仲間から、女性社員に関する悩みが寄せられるようになった。女性社員をひとり雇ったものの、どう育てたらいいか分からないといったものだ。岡本さんは丁寧に説明した。「こっちでやっておくから」「女性には無理」といった言葉はNG。まずは「そうか」と女性社員の言うことを聞いてあげてほしい。「期待されている」と思ってもらうことが大切だ、こう説いて男性経営者の意識転換を促し、女性が成長できる環境づくりを説いて回った。

トイレ掃除は女の仕事!?

同社の上田社長は31歳まで、米国の大学で文化人類学を研究していた。「ボスの大半が女性。男性が一年育休をとるのも当たり前」の職場から、豊岡市で父が経営するワタキ自動車に戻ってきて「違和感」の連続だった。

そのひとつがトイレ掃除。なぜトイレ掃除が女性の仕事なんだろう？　男子トイレまでなぜ女性が掃除をするのか？　会社の慣習を変えるために、自ら動き始めた。朝ひとりで男子トイレの掃除を始めたのだ。はじめは遠巻きに眺めていた男性社員のなかから、そのうちに「俺も手伝ったる」という人が現れた。

相手を先入観なく、性別、年齢、国籍問わず、ひとりの人間としてみる――これが、研究者時代からの信条だ。海外事業の担当として外国人社員を積極的に採用し、さらには毎年夏にＪＩＣＡ（国際協力機構）の研修生などアフリカ出身者をインターン生として３人ほど迎えている。

アフリカ出身の研修生を新たに迎えプレゼンテーションをしてもらうと、社員はその度に「まだまだ知らない世界があるんだ」と驚く。それもそのはず、ひと言でアフリカ出身といっても50カ国以上あり、それぞれ違う文化がある。外国人を会社に迎えるのは、日本人社員が抱きがちな先入観やアンコンシャスバイアス（無意識の偏見）を取り除くためでもある。

意識改革を進めるも、車の整備工場はいまだ男性一色で、整備士の間には「自分が上だ」という感覚も残る。「すべての仕事に価値がある。互いをリスペクトする社風にしたい」と上田社長は言う。

男性中心の固定的な雇用慣行を突き崩す試みもしている。総務・人事の仕事を切り出し子会社化し、どこでも在宅勤務ができる仕組みとしたところ、各地から英語も堪能な女性社員が集まった。いま８人のスタッフが、豊岡のほか、京都、名古屋、カナダに住む。イタリア人男性を含め３人が正社員、５人が出来高契約やパートタイム従業員である。以前、豊岡のオフィスで働いていて、現在はカナダに住む女性スタッフは、訪日外国人に対する車のリース業務をオンラインで担う。有能と見込んだ人材をテレワークでつなぐことで、会社の業務が自然と広がっていったという。

いまや社長に次ぐナンバー２のポストに就く岡本さんは、すべての従業員の成長に目配りをする。パートタイム従業員には「期待している、誰かの役に立っている」と折に触れて伝える。正社員には「いつまでも下の立場にいたら、後輩たちが上がってこられない」と発破をかける。後輩のエンパワメントは、社内にとどまらない。「車業界の女性たちが、少しでも働きやすくなるようにしたい」と言う。

育ててくれた会社に、そして車業界に「恩返し」をしたいという思いが、いま岡本さんの原動力になっている。

岡本典子 さん(50)

プロフィール

1973年、兵庫県豊岡市生まれ。1992年兵庫県立豊岡総合高校卒業。但馬信用金庫勤務を経て、2000年ワタキ自動車に入社。2011年にフロントマネジャー、2013年販売部長に昇進。ダイハツ但馬でトップセールスを記録する。2017年専務に就任。同居家族は、両親(娘2人は独立)。趣味は小型のボードで波乗りを楽しむボディボード。「頭の中を真っ白にできる」大切な時間だ。

ワタキ自動車の整備工場を背に、上田社長(左)と岡本さん

ワタキ自動車

- 本社：兵庫県豊岡市
- 創業：1931年
- 従業員数：25人(正社員20人、契約・パート・アルバイト5人)
- 女性社員割合約4割(女性管理職42%)
- 事業内容：自動車の整備、新車・中古車の販売を手掛ける。ダイハツショップ、ブリヂストンタイヤの特約店、損害保険の代理店業も営む。外国人観光客向けリース、レンタカー事業も行う。総務・人事は分社化し、国内外どこでも勤務できるテレワークの仕組みを整える。社長の海外経験を生かした外国人採用や海外研修生受け入れを進める。

「大人の武者修行」を経て大プロジェクトのリーダーに

ケース④

小坂工務店（青森県三沢市）
総務部改善推進室課長　**大坂静**さん（37）

２０２４年４月に発表された「青森県の人口」レポートは危機感に満ちている。15歳未満の人口の割合は、国勢調査が始まった大正９年以来最低で10・１％、65歳以上人口の割合は最高で35・３％。今後25年ほどで生産年齢人口は半減する見込みだ。若者の県外流出は止まらず、女性の流出率は男性を上回る。

こうしたなかで、地元の女性を定期的に採用して幹部登用も進め、県内でモデルとされる企業がある。駐日米軍の三沢基地を主な取引先とする建設会社、小坂工務店だ。不動産の仲介・営業、携帯電話の販売と多角化を進めている。

東北新幹線八戸駅から青い森鉄道に乗り換え、三沢駅まで約20分。ここから車で5分、小坂工務店の本社屋が見えてきた。２０２３年に倉庫を改装した2階建てで外観は簡素だが、一歩中に入ると明るい室内にカラフルな椅子が並ぶ。フリーアドレスやコミュニケーションゾーンも取り入れた最新のオフィスである。

従業員58人のなかで、女性の部課長は9人に上る。地元の商業高校を卒業して入社した総務部改善推進室課長の大坂静さん（37）もそのひとりだ。

入社10年目の「大人の武者修行」

「せっかく高知に来たんやき、なんでも言い！」

研修先企業の常務取締役（当時）からこの言葉をもらい、大坂さんのなかで、カチッとスイッチが入った。２０１6年に社会人インターンシップ「大人の武者修行」に参加し、高知の四国管財というビルメンテナンス会社に2カ月席を置いたときのこと。同プログラムは、他地域の協力企業に勤務して学ぶもので、応募者と受け入れ先とのマッチングは日本生産性本部内のサービス産業生産性協議会が行っている。

28歳にして、初めて実家を出ての県外暮らし。殻にこもる大坂さんの姿を見て、常務が声をかけたのだ。研修に送り出してくれた小坂工務店の同僚に負担をかけているにもかかわらず「何て甘かったんだろう」と目が覚めた。

「よそいきの顔をしている場合じゃない。ここはガツガツいこう」

ハングリー精神をもってすべてを学びに変えようと、病院や銀行など常務の訪ねる現場にすべて同行して、どんな会話をするかに耳を澄ませた。１７０社ほどに及ぶ契約会社のすべての現場に、幹部が手分けをして最低週1回は足を運ぶ。ビルの清掃を担う人、管理人など、作業を担う人に「何でも報告を上げて」と声をかけていく。現場でどのような環境でスタッフが働いているかを確かめ、スタッフの顔を見て会話を交わすことで、信頼関係を築いているのだ。

常務はさらに高知の地元企業を研修先として紹介してくれた。トヨタ関連の販売店で2日間接客の研修を受けたり、女性活躍を進める不動産会社で勉強会に参加したりと、経験の幅を広げた。入社以来約10年、一貫して総務の仕事をしてきて「他の会社を知らなかったので視野が広がった」と大坂さんは言う。

営業部へ異動の辞令に涙ぐむ

高知から青森に戻ると、総務部から戸建て住宅の営業部への異動の辞令を受ける。

「えっ、なぜ営業？　私は総務で必要とされていないの」

思わず、涙ぐんだ。営業は苦手だという思いも強かった。先輩に相談したところ「そんなことで会社を辞めてしまうのはもったいないよ」と励まされた。「会社が新しい機会を与えてくれたということ。これは新たな武者修行だ」と気持ちを切り替えることにした。

営業部に移ってみると、高知での研修の経験が早速生きることになる。戸建て住宅の営業は、顧客との信頼関係をいかに築くかがカギとなる。来訪者には、四国管財で受けたハガキセミナーをヒントに、手書きの礼状をしたためた。月1回来店者の自宅を訪ねるようにし、アポイントメントが取れない場合は、手書きの手紙を投函してきた。夫婦の見込み客の場合、夫は数値データや性能を重視し、妻は家でどのような生活が送れるのか、内装は好みに合うものかとイメージすることが多い。妻に寄り添いながら営業することで、他社の男性営業と差をつけた。

とはいえ、初めての住宅営業で建設のことが分からない。そこで「素人目線」を武器に、住宅の提案資料をつくり込むことにした。自分が分かるような資料にすれば、お客様にとっても分かりやすいはず、と考えたのだ。他の営業担当に比べると、分厚いながらも分かりやすい資料を一つひとつ作っていった。初めてひとりで受注できたときは、「ようやくひとり立ちできた」とこみ上げるものがあった。

住宅の営業は、約束した納期どおりに住宅を引き渡せるよう、工期の管理にも責任をもつ。建設現場にも足しげく通って、工事担当者との距離を縮めた。日頃から信頼関係を築いておくことで、緊急時に「どうしても今日中に仕上げてほしい」という頼みごとをしても「仕方ないなあ」と聞き入れてもらえるようになる。

初めての顧客の住戸がようやく完成して、引き渡しの日を迎えた。テープカットの儀式を執り行う。感極まり、施主よりも先に涙を流してしまった。

実は、住宅営業は「はじめは怖かった」と言う。一戸建て住宅は、生涯を過ごすところ。その営業に自分がかかわることへの不安がぬぐえなかったのだ。顧客の住まい方を「自分ごと」としてイメージできるまでコミュニケーションを重ね、さらに住宅の知識を積んでいくことで、その不安は少しずつ薄れていった。住宅が完成して引き渡したあとも折に触れて住まいを訪れて不具合がないかと尋ねたり、会社主催のクリスマス会に施主を招いたりと交流が続く。

「(住まいに）何かあったら一生相談してください」

こんな言葉を口にできるようになったのは、営業として腹が据わったからだろう。次第に顧客から「大坂さんに」という指名が来るようになり、３年間で８軒の戸建てを受注する高成績を上げるまでになった。

会社の継続は、社会のためにも重要だと気付く

ある日社長に呼ばれて「総務部の課長を任せたい」と告げられた。活躍ぶりが認められ、32歳の若さで新設の改善推進課の課長に抜擢されたのだ。

「私にできるでしょうか」という言葉が口をついて出そうになったが、のみこんだ。「チャンスを与えてくださったのだから」と切り替えて、こう答えた。「はい、やらせていただきます」

課長となり社長から出された課題は「100年企業プロジェクト」の推進。本社屋の一部引っ越しを受けて、100年続く企業に向けてどんな組織改革が必要か、どんな社屋にするべきかを考えるというもの。

経営コンサルタントの助言も受けながら、社員全員にアンケートを取ることにした。60項目に及ぶもので、いずれも5段階で答えてもらった。アンケート結果は、再びコンサルタントの助言を受けながら、年代ごとにクロス分析をしていった。すると、20代社員は「上の世代からもっと丁寧に評価してもらいたい」と思っていることが浮かんできた。評価制度も検討の余地ありという課題がみえてきた。

定量データを分析して、数人ずつのグループインタビューも行った。

「(本社から離れている) 建設部門の営業部は、本社とのコミュニケーションが取りにくい」「会議が多いけど、目的が分かりにくい」

実際に声を聞いてみると、想定していなかった課題も浮かんできた。コミュニケーションが取れる場をつくる、テレビ会議などで物理的に離れていても「きちんとみているよ」ということが伝わる仕組みづくりが必要、とアンケート結果をふまえた企画書を手に経営幹部会で発表した。

プロジェクトを通してかみしめたのは「会社を継続させる大切さ」だという。

「会社の存続が、社員、地域、社会のためにも重要なのです」

こう語る言葉は、早くも経営者目線である。

プロジェクトが一段落して総務部に戻ってからは、社内のデジタル化を推進している。主要取引先である米軍基地からは厳しい情報セキュリティが求められており、NIST(米国立標準技術研究所)の定める情報セキュリティに関する文書をすべて翻訳し、小坂工務店のルールに落とし込んでいく。TikTok《ティックトック》など中国系アプリや中国に関連する企業の通信サービスは使用禁止とされ、社内の入退室にあたっても厳しい管理が求められるなど、米軍のセキュリティ基準を満たすのは容易ではない。

もうひとつ力を入れるのは、「カーボンクレジット」。CO_2など温室効果ガスの排出削減量を企業間で売買する仕組みで、小坂工務店が賃貸契約する保有森林で吸収できるCO_2をクレジット化して、他の企業に売却するプロジェクトを進めている。大坂さんは、経済産業省と東北大学が共催する「地域イノベーション塾」に毎週参加してこの仕組みを学び、社内にカーボンクレジットのチームを立ち上げた。

「情報に強い、環境に強い」、こうした企業イメージを確立することが、建設案件をとる入札で一歩リードすることにつながる。いま大坂さんは、小坂工務店のステージをひとつ上げるための推進役となっている。

外で発表をする経験を積み「やればできる」と思えるように

同社が女性の採用・育成に力を入れ始めて二十数年、いまでは建設の現場監督を除き、すべての職種に女性が就いている。住宅販売の営業、技術職でも、育休取得後に復職することが定着してきた。

産休取得の第一号として両立の道を拓いたのは、大坂さんの上司である渉外部の野村笑美部長（56）。2年前に結婚した大坂さんは「もし出産することになっても、野村さんの働く姿をみているので両立に不安はない」と言う。社内には、夫の転勤に帯同して遠隔地でテレワークをする社員や、子育てのため短時間勤務をする女性課長もいる。育休中も子育てでスキルアップしているとして、昇給に後れをとらない制度が導入されている。

すでに女性部長が1人、課長が8人誕生しており、女性幹部のパイプラインは切れ目なく形成されている。管理職に登用するまでに、さまざまな経験を積ませてきたことが登用につながった。

同社には、福利厚生、ISO、採用、環境など6つの社内横断委員会があり、管理職になる前に委員長を務めるのも珍しくない。若手の女性社員を委員長に就けることは、「男性がチーフ」という無意識を塗り替える効果もある。

「とにかく『長』を経験させたい」と小坂仁志社長（62）は言う。社内委員会は、リーダー育成の場でもあるのだ。大坂さんもまた、社内のICT委員会の委員長として社内のとりまとめを学んできた。

冒頭の「大人の武者修行」のように、社員を県外に送り出す研修にも積極的に取り組む。取引先との人材交流も進めているが、過去には人材交流をした取引先で引き抜かれてしまった社員もいたという。

「社外に送り出すのは、本人の成長のため。(退社したとしても) 問題ない」

小坂社長は迷いなく言い切り、今後も続けていくという。

大坂さんの場合は、管理職に就く前に社外の「大舞台」で何度か事例発表をする機会を得たことが自信につながったという。青森県が主催する女性活躍推進企業のセミナーで、次世代リーダーとして登壇したこともある。事前に話したい内容を整理してパワーポイントで資料を作成し、壇上で100人ほどを前にプレゼンテーションをした。緊張しながらもやりとげた経験が「やればできる」という自信につながり、場を重ねるにつれ「こわいもの知らず」になっていったと笑う。

若手社員を社外に送り出す、人前に立つ機会をつくり発表させる、こうした経験を積ませるため、社長や総務部長が一人ひとりの成長をみながら機会をつくってきた。「管理職なんて、私には無理です」という言葉を女性が発しなくなるには、小さな成功体験を積み重ねることが大切なのだ。

大坂静 さん（37）

プロフィール

1987年、青森県三沢市生まれ。2005年青森県立三沢商業高校卒業、小坂工務店に入社。約10年総務部で勤務、高知での「大人の武者修行」を経て住宅営業部に異動。3年間で8軒の戸建て住宅を受注。32歳で課長に昇進、2019年に総務部業務推進課課長、2022年に総務部改善推進室課長。同居家族は、夫。趣味はバレーボールと野球観戦。

小坂社長（中央）、野村部長（左）とともに、新本社のフリーアドレススペースを背にする大坂さん（右）

小坂工務店

- 本社：青森県三沢市
- 創業：1958年
- 従業員数：58人（正社員48人、嘱託社員10人）
- 女性社員割合46％（女性管理職9人、56％）
- 事業内容：駐日米軍の三沢空軍基地を主な取引先とする総合建築業を営む。2008年に創業者の父のあとを継いだ小坂仁志現社長が多角化を進め、不動産の仲介、賃貸、販売、また携帯電話販売、太陽光・LED関連事業、古民家再生、カーシェアリングも手掛けるようになり、売上6割増を実現する。

入社26年で課長に昇進！　上司に代わって資金繰り

ケース⑤

朝倉染布（群馬県桐生市）
監査役　**大塚博美**さん（62）

織物産業で知られる群馬県桐生市。その歴史は1300年前の奈良時代に始まり「西の西陣、東の桐生」と称される。現在も40社ほどの繊維関連企業が操業するなか、朝倉染布は創業130年を迎える。

JR両毛線桐生駅から車で5分。朝倉染布の門を入ると正面に蔵を改装したショールームと会議室。その左奥は工場で、天井から染色布の巨大なロールが下がる。染料がツンと匂う工場は、二交代制、三交代制で終日稼働している。

絶え間なく染色作業が続く生産現場から一歩フロアを上がると、巨大なインクジェットプリンターが並ぶ。スポーツウエアのストレッチ加工やプリンターによる染色、撥水《はっすい》加工など高い技術力が同社の強み。大手企業からの委託染色も請け負っている。

朝倉染布は働きやすい職場づくりでも知られており、この動きを主導したのが、総務部長を経て監査役に就いた大塚博美さん（62）。市内高校を卒業後に入社し、以来総務部でキャリアを重ねてきた。

超撥水の加工技術で生まれた新商品

大塚さんは、入社以来40年以上総務部に席をおき、労務、人事、経理、財務、広報と会社の総務を束ねる要となってきた。さらにもうひとつの役割が、新商品企画のプロジェクトのまとめ役だ。

古い蔵を木のぬくもりを生かして改装した会議室で、ある日企画会議が開かれた。集まったのは、営業、総務などの女性社員３人。議論したのは、隔年で行う同社の「超撥水風呂敷」のデザイン公募についてだ。毎回数百点の応募があり、そのなかから5点ほどを選んで新柄として発売する。テーブルの上には、鮮やかな花柄やモダンな千鳥格子、ボーダー柄などの風呂敷が広げられた。

「また海外からの応募もあるといいね」

「市内の高校にも公募の案内をしよう」

同社の「超撥水風呂敷」は、高い撥水加工と高度なインクジェット印刷を駆使したもの。世界のトップアスリートの競泳用水着にも採用されている染色加工技術で、これを風呂敷に

（上）風呂敷を手に打ち合わせをする大塚さん　（右）超撥水風呂敷は水を汲むこともできる

応用したところヒット商品となり、グッドデザイン中小企業庁長官賞に選ばれた。三越百貨店の呉服売り場や、全国の個性あふれる品をネット販売する藤巻百貨店などで扱われている。企業の周年行事のノベルティとしても人気の品だ。

撥水性が高いため、雨のときに革のバッグを包んだり、温泉でぬれたものを包んだりと用途は広い。風呂敷をバケツ状に折り畳むことで、災害時には水を運ぶ道具ともなる。撥水風呂敷を使い、100人が100リットル運ぶリレーでギネス認定もされた。このときの様子は地元テレビで放映されたほか、動画もアップされるなど、会社の認知度アップに一役かうことになった。

撥水風呂敷の販促をいかに進めるか、撥水加工を生かした新商品を生み出せないか、大塚さんが中心になり議論を重ねてきた。これまでにアームカバー、レインコートなど、プロジェクトから生まれた企画は少なくない。ネット店舗も立ち上げて初代店長を務め、いまは後輩に任せたところだ。

入社25年目、会社のピンチを救う

高校卒業にあたり、教師に勧められた会社のひとつが朝倉染布だった。同社を選んだのは、従業員100人前後と「大手だったから」。

入社して総務部の配属となり1年、「昼休みに卓球をしましょう」と社内に呼びかけたことが吉と出た。高校時代に卓球部で磨いた腕で先輩らに技を教えグループをまとめたところ、工場で働く人たちと何でも言い合える関係ができた。総務部から「これを手伝ってほしい」「協力してほしい」と頼むと、現場の男性社員が「大塚さんの言うことなら、仕方ないな」と聞き入れてくれるようになったのだ。「苦手な人にこそ話しかける」のが信条、卓球はその好機となったのだ。

順調に思えた会社員生活に、突然の出来事が起きたのは、入社25年目のある日のこと。

「えっ、課長、お休みですか」

会社の財務を一手に担う総務課長の上司が、病気により出社できなくなったのだ。

何ひとつ引継ぎがないなかで、大塚さんが最前線で財務を引き受けることになった。部長は総務畑で財務には明るくない。当時の朝倉泰社長も同様で「任せるよ、大塚くん」と、ひと言。細かな指示はなく「資金が足りなければ、銀行と交渉するから」と言う。

資金繰りはどうするのか、手形の処理は……これまでの出納帳の記録を辿り、取引銀行の担当や税理士に教えてもらいながら、必死だった。高校時代に学んだ簿記の知識を、記憶の底から引き出した。

「会社のピンチ、未経験でもなんとかやり遂げる」

資金繰りといえば、会社経営の要。キャッシュフローが回らなくなれば、たちまち倒産の危機に瀕する。なんとか緊急事態を乗り切った。「私がやるしかない」という大塚さんの使命感が会社を救ったのだ。

「ありがとう」

社長から労いの言葉をかけられた。翌年、入社26年目にして課長に昇進する。

現在の朝倉剛太郎社長(54)に交代してからの課長時代は、人事制度の改革に奔走した。商社出身で海外勤務も経験した現社長は、人事制度を時代に合ったものに変革しようとしたのだ。

人事考課は、年功型を改め等級制とし、年3回の面談は第三者も交えた公平性の高いものとした。退職金制度は、コンサルタントの力もかりて検討を重ね、４０１ｋ(企業型確定拠出年金）を導入するなど新たな制度とした。

大塚さんが制度改革を手掛けるうえで助けとなったのは、社外ネットワークだ。県の社会保険事務所の社会保険委員や年金委員を務め、県内大手企業はじめ各社の人事担当と知己を得ていた。

「賃金体系の改定を考えているんだけど、そちらの会社ではどうしてる？」

社内制度の情報交換をしながら、時には女子会を行うなど、助け合う関係を築いていたことが公私での支えとなったという。

朝倉社長は、こう評価する。

「人事改革ではレベルの高い仕事をしてくれた。大塚さんは部下への仕事のわりふりがうまい。目標設定と評価、フォローをしっかりしている」

大塚さんは高校時代生徒会長だったというが、それも頷けるリーダーシップなのである。

大塚さん自身は、ここまで仕事を続けることができたのは、結婚後も実家暮らしで、子どもがいないなか、母親が食事を用意してくれるなど家事をサポートしてくれたことも大きいと言う。

母は、朝倉染布の風呂敷づくりなど縫製仕事を自宅で請け負っている。大塚さんは、帰宅後に食事と入浴を済ませたあとは、テレビを見ながら母親が縫製した商品の検品と袋詰めをする。「(平日は) 食事とお風呂以外は、ずっと会社の仕事をしている」と笑うが、まったく苦ではないという。朝倉染布への愛に満ちた日々なのだ。

女性の勤続年数を3倍に増やした施策

現在従業員94人のうち、女性は4割強を占める。かつては高卒男性中心の職場だったが、地元の工業高校や商業高校でも成績上位者は都会の大学や専門学校に進学するようになり、卒業後に都会でそのまま就職する若者が増えて、高卒の男性採用がままならなくなった。工業高校の染色専攻の卒業生を採用しようとすると、女子が中心となる。人材を確保するために、2000年前後から女性を積極的に採用し、さらには働ける職域を広げないと経営が成り立たなくなった。女性活躍に力を入れる事情を、朝倉社長はこう説明する。

2000年代半ばから育児休業を取得して職場復帰することが当たり前となり、育児・介護休業法で当時の法定を上回る制度を整えた。育児休業は子どもが3歳まで、短時間勤務は子どもが小学校に入るまでとした。こうした取り組みの結果、勤続年数をみると女性社員は90年代後半の約7年から21・8年と約3倍に延び、いまでは男性の20・7年を上回る。

女性の就業が延びたことに伴い、職域も事務系のみならず、品質管理や検査、営業職にまで広げていった。品質管理、検査部門では、大半を女性が占めるようになる。就業年数が延び職域が広がったことで、女性活躍が進んでいる事業所を厚生労働省が認定する「えるぼし認定」の次のステップがみえてきた。

「えるぼしの最上位の3つ星認定に挑戦させてください」

こう切り出した大塚さんの真剣な表情を、朝倉社長はいまでもよく覚えている。当時は従業員300人以下の企業でえるぼし3つ星認定を受けている企業は、全国を見まわしても100社に満たなかったから、大きなチャレンジだった。大塚さんは労働局にはすでに相談済みだとして、えるぼし認定のメリットを明快に説明した。2017年に無事に3つ星を獲得、社外での評価を高めることにつながった。

同年には初めて大卒女性を営業職として採用することができた。東京でのUターン説明会で「大塚さんの説明を聞いたことが入社の決め手になった」と、営業企画部の木村千春さん(30)。いまではリーダー職として活躍しているという。

女性の職域の拡大は、ほぼ達成したといっていい。ただし、最後に残る壁が、生産現場への女性の配属だ。これまでも試みてはきたが、長く続かなかった。工場は天井が高く床はコンクリートで、冷暖房がきかない。夏は熱中症の危険があり、冬は極寒となる。女性にとってはとくに寒い時期の足元の冷えが厳しい。現場作業をする女性には、防寒用の特別な安全靴を用意するなど対応策をとってきた。現在は工場で働く女性は1人、高校でソフトボール部だった女性が、自ら望んで二交代勤務で働いているという。

もうひとつの大きな課題が、女性管理職の育成である。「働きやすさ」を実現して、さらには職域拡大をしても、上を目指そうという女性がなかなか現れない。現在女性の役職者は大塚さん1人。女性社員一人ひとりと面談して、有給休暇はとりにくくないか、交代職場での勤務もできるか、など丁寧に聞き取りをしている。

現在、工場勤務の女性は1人。
女性の現場作業には課題が残る

ようやく管理職候補であるリーダークラスに、意欲のある3人の女性が上がってきた。大塚さんに憧れて入社してきた社員たちだ。いま早期育成に力を入れているところだ。

大塚博美 さん（62）

プロフィール

1962年、群馬県桐生市生まれ。1980年、桐生第一高校経済科卒業、朝倉染布に入社。一貫して総務畑を歩み、労務、人事、経理、財務、広報を担当。2006年に総務部課長に昇進、その後、総務部長、監査役に就く。同居家族は母と夫。趣味は、車で全国を巡る旅。北海道から九州まで家族で旅をしてきた。旅の計画を立てるのが楽しみ。

大型インクジェットプリンターを背に朝倉社長（右）と大塚さん

朝倉染布《あさくらせんぷ》

- 本社：群馬県桐生市
- 創業：1892年
- 従業員数：94人（正社員76人、嘱託・パート従業員18人）
- 女性社員割合4割強（女性役員1人、女性管理職0人）
- 事業内容：大手繊維メーカーの染色委託を手掛けるほか、インクジェットプリント、撥水加工、ストレッチ加工など高度な技術を駆使した自社商品開発も行う。トップアスリートの競泳用水着の染色加工も手がける。超撥水風呂敷は全国で知られる。

COLUMN 1

女性の制服廃止で、新しい風が吹く?

女性の制服は役員が「俺好み」のものを選ぶ

「次の制服はこれだな」

東北地方に本社をおく建設関連会社で、女性社員の次の制服を決める席でのこと。最終候補に残った数種のデザインのなかから、70歳間近の男性役員の鶴の一声で、グレーと赤のチェックの制服が選ばれた。

「これが明るくていい。暗いのはダメだ」

「ああ、またか」。制服を着る斎藤絵里さん(30代前半、仮名)は、ため息をついた。個人的な好みとしては、シックな色合いの制服を着たかった。いつも役員の「俺好み」で決まる制服は、ウエストがゴムでなかったり、ボタンが多すぎたりと、着心地もいまひとつだ。

役員が求める女性社員のドレスコードは、これだけではない。斎藤さんは入社当初、役員に「ストッキングでかぶれやすいので、ソックスで仕事をしてもいいでしょうか」とお伺いを立てた。先輩の助言で、ストッキングをはかないなら許可を求めたほうがいいと言われたのだ。役員はまた「女性のカーディガン姿は嫌だ」という。制服のジャケットの下にカーディガンを着たり、暑くなると椅子の背に掛けたりするのを見ると、顔をしかめるのだ。そこで冬は、制服のブラウスの下にセーターを着て、その下に温熱効果のある肌着をつける。

一般的な女性社員の制服事情はどうなっているのだろう。多くの会社では1年を通して2着ほど、ジャケット、ベスト、スカートが支給される。これにブラウスが加わる場合もある。年間通して同じ素材だから、当然ながら夏は暑くて冬は寒い。東北地方の冬はオフィスに暖房が入っていても膝丈のスカートでは寒く、みな極厚のタイツをはいて防寒対策をする。それでも窓に近い席では凍えてしまう。

制服は2年ごとくらいに新しくなる会社もあれば、なかには5年近く同じものを着続ける会社もあるという。自宅で洗濯をするため、肘はてかてかになり、毛玉もできる。夏も冬も同じ2着を着まわすのは、なかなか大変だ。

ある職場では、女性の制服の廃止論議が起きては、立ち消えとなってきた。制服廃止のトライアルのため、私服で出勤した女性社員らをみて、トップがひと言。

「統一感がないな。ダメだ。制服に戻そう」

女性社員に「統一感」を求めるとは、個性も多様性も認めずに、「女性事務職」というひとくくりでみるということか。職場でトップランナーとして頑張ってきた女性社員は悔しい思いをしたという。

さて、建設関連会社の斎藤さんに話を戻そう。斎藤さんはいま、経理の仕事に就いている。役員の「俺好み」の服装を強いられる職場で我慢の連続かと思いきや、意外にも「いまの職場は天国のようだ」という。どういうことか。

斎藤さんは短大を卒業後、故郷のメディア関連会社で働いていた。小規模な会社で、総合職的な仕事から発送業務といった雑務まで何でもこなした。5年ほど経ったある日、社長が「君、どうしていつも同じ服着てるの?」とひと言。リクルートスーツのような地味な服は、入社時に会社から支給された古着の制服だった。そう答えたところ、社長は倉庫の奥から、さらに古いチェック柄の制服を引っ張り出して「これ着たら」と言って差し出した。

仕事はやりがいがあったが、会社の将来像がみえないことに不安を覚え、社外で簿記検定の講座に通い、いまの会社に転職した。安定して勤められそうな職場環境に満足している。制服にしても「新品を定期的に支給されるだけでもありがたいし、毎日洋服に悩まなくてもいいから楽でいい」と笑顔をみせる。

社会人になって以来、それぞれの職場で制服を着てきた斎藤さんは、制服に縛られているようでいて、実はそうではない。異なる職に就きながらも、そこで学びを得てきた。さらにコミュニケーション力も抜群。冒頭の役員とも良好な人間関係を築いており、ラインのやり取りまでしている。いまの職場を「天国」だという斎藤さんの強みは、目の前の仕事を楽しんでしまう力といえそうだ。

女性活躍プロジェクトで、40年以上続いた制服を廃止

女性活躍推進プロジェクト立ち上げを機に、女性の制服を廃止した職場もある。秋田商工会議所は、試行期間を経て2024年4月から服装自由化に踏み切った。

きっかけは、同商工会議所が始めた「女性リーダースタートアップ応援セミナー」に主催者自ら受講生として参加し、隗《かい》より始めよ、とばかりに所内で女性活躍・業務環境改善チームを設置したこと。管理職手前の男女7人のチームで所内の課題を洗い出したところ、そのひとつとして「女性職員の制服着用」が上がってきた。

そもそも、なぜ女性にだけ制服着用が課せられるのか。検討に向けて一歩を踏み出そうと、女性職員にアンケートを取ってみた。その結果は、賛否まっぷたつ。制服反対派の意見は、着替えに時間をとられる、オールシーズン素材で冬は寒くて夏は暑い、といったもの。一方の制服支持派の声は、制服以外に何を着ていいか分からない、私服が汚れるのが嫌、といっ

たもの。管理職からは「制服を廃止するなら、服装に規定を設けないと、どんな服で出勤されるか分からない」という懸念の声も挙がった。

では、試行期間を設けようと、2023年11月1日、自己判断で制服・私服どちらで勤務してもいいとした。チームリーダーを任されていた検定・共済推進課の課長代理、野越睦さんは、少し緊張した面持ちで出勤した。何しろ就職してから40年近く袖を通してきた制服に、今朝は着替えなくていいのだ。落ち着かない気持ちで席について見まわすと、私服で現れたのは、自身と職場唯一の女性管理職である藤林敦子課長（当時）など3人だけ。女性職員に戸惑いがあることが見て取れた。しかし、私服のよさはすぐに実感できた。パンツ姿で仕事をするのは初めてのこと。とにかく足元が温かい。朝夕に着替えの時間も必要ない。

「働きやすさが向上して、業務効率の向上につながります」

同僚や上司にこう訴えて、約半年後の服装自由化を実現させた。

会議所が進めた女性活躍の施策は、制服の廃止にむろんとどまらない。毎朝、女性だけが担ってきた応接の机ふき、湯わかし、食器洗いといった当番も廃止した。

さらに女性登用を進めようとするも、女性自身のスキルや経験が不足しているという課題が浮かんできた。その背景には、男女の業務分担の偏りがあった。そこで、これまで男性が担当していた業務を女性も担い「職域拡大」を図るべく、春に人事異動を行うことにした。所内の経営陣と女性職員との間で「キャリアアップ」に関する考えを共有することも必要だとして、ざっくばらんに意見を述べる昼食会も開いてきた。

２０２３年夏、制服姿でセミナーに参加した野越さんは、11月にはベージュのジャケットに黒のパンツというういで立ちで現れた。セミナー主催者として他社をとりまとめながら自ら職場改革も牽引し、少し自信をつけたようにもみえた。

２０２４年春、野越さんは課長に昇進した。

秋田ではいま、女性の制服を巡って新しい風が吹きつつある。秋田魁《さきがけ》新報によると、秋田銀行が２０２２年に制服を廃止したのに続き、２０２４年４月に秋田信用金庫が女性の制服廃止、男性のネクタイ自由化に踏み切った。秋田なまはげ農業協同組合も４月から女性管理職の制服を廃止。秋田県信用組合も検討中だという（２０２４年3月6日付）。

女子は事務職、そんなイメージの象徴だった制服を脱いでみると、女性の意識が変わり、仕事の幅まで広がっていくのではないか。

第2章

「新卒Uターン」で拓く未来

地元外進学者の約半数がUターンも考える

若い女性が地方から流出する背景には、女性の大学進学率上昇があると指摘されている。[*1]女性の四年制大学進学者が短大進学者を上回ったのが1996年、その後右肩上がりで四年制大学進学率が上がっていく。同時期の90年代後半には東京圏への転入超過数で女性が男性を上回り、その後男女同水準で転入超過が続いたのち、2009年以降は女性の東京圏への転入超過数が男性を一貫して上回る。90年代後半、明らかに女性の人生設計、キャリアデザインは大きな転換点を迎えた。

この10年ほどの変化をみても、都市部に進学した人が卒業後に地元就職をしない傾向がみてとれる。就職情報会社マイナビの調査では、地元外進学をした人で、出身都道府県に就職を希望する人は、2012年卒の49・1％から2025年卒31・9％へと20ポイント近く減少している。女性も同様に減少傾向にある。[*2]

しかしデータをもとに、地元外進学者は卒業後に戻らない傾向にあると、ひとくくりに決めつけるのは早計だろう。たしかに、学生時代に留学などを経験して世界を舞台に活躍したいと考える、いわゆるグローバル人材は、大都市圏に本社をおくグローバル企業を志向する傾向がある。ただし、その割合は大卒者のなかで一定割合にとどまる。

先述したマイナビ調査でも、地元外進学した女子の約半数は「給料がよい就職先が多くできる」、また「働きたいと思うような企業が多くできる」なら、地元就職を考えると答えている。処遇や働きたいと思える職場があるかが、Uターンの決め手となるのだ。地方企業が大卒女子の採用を考えるなら、女性が魅きつけられる職場を用意する必要がある。

本章に登場する3人は、大学卒業後に地元で、「働きたい」と思えるような企業を探し出し、思い定めてUターン就職をした。うち2人は、新卒の大卒女性第一号としての入社で、パイオニアとしての苦労もうかがえる。もう1人は、先輩女性の背中もみながら歩んだ第二世代。世代をつないで、道は少しずつ拓けていくことが分かる。

いずれの会社も、大卒女性の管理職登用には15年から20年の年月を要している。20年以上も前から先見性をもって女性育成を始めた経営者からは、倦《う》まず弛《たゆ》まずの取り組みが必要なことを教えられる。

＊1　「アフターコロナの女性雇用と地方創生―主成分分析に基づく提言―」（藤波匠、JRIレビュー、2022年 vol.2, No.97）
＊2　「マイナビ　2025年卒大学生Uターン・地元就職に関する調査」（マイナビ、2024年5月）

天然由来に「ひと手間」加えたツヤ成分で特許を取得

ケース❶ 横関油脂工業（茨城県北茨城市）研究開発部・品質管理部マネージャー **尾花知里**さん（44）

「この原料がないと製品ができない」と、大手企業が頼りにする油脂製造企業がある。

常磐自動車道を東京から北に向かい2時間半ほど、まもなく福島県というところの高萩インターチェンジ近くに中郷工業団地がある。丘を切り開いた工業団地、ここに本社工場を構える横関油脂工業である。従業員117人、動植物など天然由来の油脂成分の開発を強みとし、食品、化粧品、工業製品などのメーカーに多種多様な油脂を提供する。

2003年、当時まだ従業員50人ほどだった同社に、大学4年生の女子学生から1本の電話がかかってきた。「ハローワークで工業団地に入っている企業のリストをもらって……面接してもらえないでしょうか」。おそるおそる電話をしてきたのは、いま同社の研究開発部、品質管理部を率いるマネージャー尾花知里さん（44）だ。

東洋大学工学部で応用化学を専攻した尾花さんは、東京の企業で営業職を中心に就職活動をしていたものの、迷いが晴れなかった。4年生となった夏、地元・高萩に帰省した折に、ハローワークで相談したのだ。
面接が進むなかで「有機合成を生かす工場を立ち上げた」と聞いて、「ピンときた」。大学で学んだ専攻分野が生かせると思ったのだ。加えてアットホームな社風も肌に合うと感じた。創業オーナーの横関氏の右腕だった副社長の女性が生き生きと働いている姿にも憧れ、入社を決めた。
東京のオフィス群にある会社でスーツを着て働くのは、思い描いた姿ではなかった。工場の一角にある研究室で作業着を着て研究に明け暮れる。新卒の大卒女性第一号として、尾花さんが選びとったキャリアがスタートした。いざ入社してみると、指南役を引き受ける年配者が待ち受けていた。上司からはもちろん、大手企業を引退した顧問からも、合成、分析、知財管理の知識を叩き込まれることになる。

名だたるメーカーに採用された「口紅のツヤ成分」

研究開発部には、毎年１００件近い開発依頼が、化粧品メーカーや食品会社などから寄せられる。シャンプーで髪の毛がサラサラになる成分はないか、口に入れたときに溶ける感じになる脂はないか、といったものだ。

尾花さんが入社以来開発を手掛けた新製品は10種類ほど。なかでも手応えがあったのが、口紅に使われるある成分だ。

２０１９年秋、尾花さんは自宅近くの化粧品販売店に車を走らせた。新発売の口紅を手にとり、裏面の成分表示をみて笑みを浮かべた。尾花さんが中心になって開発した、口紅にツヤを出す成分が使われていたのだ。

開発のきっかけは、ふとしたことだった。別の案件で、植物天然由来のステロール（脂質の成分のひとつ）を使い成分開発をしていたが、うまくいかない。しかし「このステロールに何か手を加えれば、化粧用の原料として面白いモノができそうだ」と閃《ひらめ》いた。この植物由来のステロールは従来ならば捨てられていたもの、再利用から新しい成分を生み出すのも面白いと考えた。このあたりは、経験を積んだ研究者ならではのカンなのだろう。

ちょうどそのころ、化粧品会社から「保湿力が高い、水をはじいてツヤが出る」といったグロス口紅用の油脂成分が求められていた。ツヤ出しは、従来は合成成分が使われていたが、天然植物性であることも時代のニーズに合ったものとなると考えた。

およその方向性は定まったものの、大きな壁も待ち受けていた。化粧品会社は、自社で保有する商品の成分は明らかにしないため、他の成分との相性を手探りで開発するしかない。

口紅として塗ったときのなめらかさとツヤ、その効果を確保する必要もある。尾花さんは、植物成分ステロールに企業秘密のある「ひと手間」をかけて、これまでになかった成分をつくり出そうと考えた。

失敗を重ねて苦労しながら工程をつくり上げていったところ、思うような結果が得られた。果たしてこのツヤ感のある透明性が、時間をおいても保たれるのか――。翌朝、研究室を訪れた尾花さんの胸は高まった。

「透明だ、輝いている」

目指していた質感がついに実現した。続いては、数百キロ単位で生産をしても、同じ効果が得られるかの検証だ。たしかな手応えを得て、展示会での発表にこぎつけた。

「テクノールＳＤ」と名付けられた新製品は、国内外の大手化粧品会社で次々に採用が決まった。それから間もなく、口紅でツヤ感を前面に押し出すグロス口紅が大きなブームとなる。テクノールＳＤで同社は「特許」を取得することができ、ホームラン級の開発となった。アイデアを温めてから製品化まで、実に5年の歳月が流れていた。

特許を取得して終わりではない。実はいまも成分の改良は続いているという。開発を始めてからいまに至るまで、試作はゆうに１００回を超えている。原料の調達が不安定な時期もあり、苦労は絶えない。

こうした大成功に至るプロジェクトばかりではない。資金やマンパワーをつぎ込みながらも、苦い結果に終わったことも数知れない。

何百万円もかけて原料を買い、何年もかけて実験を重ね、いざ装置を動かしてみたら想定した成分をつくり出せないこともある。倉庫には試作品が山積みされたまま、これを見る度に、「あーあ」とため息が出る。開発にあたっては、製造、営業部門にも根回しをして、社長決裁を経ているから責任を追及されることはないが、自責の念に苛まれる。それでも「この失敗を次の実験に生かして、いっぱい売るぞ」と心に誓うという。

インド、ベトナム、メキシコ……世界で開発の種を探す

尾花さんは入社した年に亡くなった創業者の横関銀市郎氏から、じかに薫陶《くんとう》を受けることができた。

「油はお前たちがつくっているんじゃない。動物脂は動物が、植物油は植物がつくっているんだ」

創業者がよく口にしていた言葉だ。自然の恵みに感謝せよ、自然との調和を大切にせよ、

という教えだろう。「動物由来、植物由来の成分を生かして油脂本来の機能を持たせる」。尾花さんの研究の軸足は、新入社員のときに定まった。

天然由来の原材料は、当然ながら日本産にとどまらない。日本ではまだ使われていない油脂成分を仕入れるために、アジアや中米など海外に出向くこともある。

インドでは、アーユルヴェーダのリストを手に、日本にまだ輸入されていない成分を探した。インドで「村の看護師」といわれるアムラフルーツからとったオイルに出合ったとき「これはいけるのでは」と閃いた。「インドのアーユルヴェーダで使われている、髪の毛と頭皮が元気になるアムラフルーツから採取したオイル」とストーリーづけをして、「アムラオイル」という油成分を製品化することができた。

化粧品会社など取引企業が海外展示会に参加するのに同行して、フランス、イタリア、中国、韓国、台湾、ベトナムなどに出張する機会も得た。

メキシコでボランティア活動を行うため、社員数人とともに出かけたこともある。メキシコの乾燥した高原に自生するキャンデリア草から採取される天然ワックスは、同社にとって重要な天然資源である。収穫に携わる現地の集落で、学校の壁の修復をしたり、教材の寄付をしたりする社会貢献活動を続けているという。

多様な人材と向き合えるリーダーに

入社以来手掛けた研究・開発はやりがいを感じる日々だったが、悩みが生まれたのは入社10年を迎えるころ、リーダー業務を任されてからだ。研究・開発を担うチームのリーダーとなり、各部署と調整を迫られる場面が増えた。

営業部門からは顧客ニーズを聞き取り、製品企画に落とし込んでいく。まずは小さな実験装置のサイズで試作品をつくり、顧客の承認を得たら製品化を進める。同時に製造部門に生産を依頼する。

なかには年長の職人気質の社員もいて、ときに「そんなの、できないよ」と押し戻されてしまう。「気になる点を教えてください」「できない理由はなんでしょう」と丁寧にコミュニケーションを取るようにしている。さらに「なぜ、このプロセスが必要なのか」「絶対にこれをしてはいけない」など、譲れない点はきちんと伝える。「基本はお願いする姿勢です」(尾花さん)。

ちょうどそのころ、育児休業からの復帰も重なり、仕事も家庭も手いっぱいだった。プロジェクトは結果が求められる、あわせて効率性も追求しなければいけない、次第に追い詰められていった。

かたい表情を見て取った副社長が、「あなたの替わりはいるのだから」と声をかけてくれた。字面だけ見ると厳しく映るが、「失敗しても責任を取ってくれる人がいる。肩の力を抜いても大丈夫」という励ましだった。入社以来、ロールモデルとしてきた人の言葉を受けて、背負っていたものを下ろすことができた。

２０１９年に、マネージャーに昇格。研究開発部と品質管理部のマネジャーを兼務することになり、核になる２つの部署を率いる立場となる。部の責任者として、視座が一気に高まった。部下のマネジメントのみならず、将来的に組織をどうするか、社会の動きを捉えているか、広い視野で考えるようになったという。

伊藤幸一郎社長（63）は尾花さんを「人と向き合うことができる」と評価する。研究開発部では、異なる業界で活躍してきた年上の博士号をもつ男性も含め、部下７人に研究テーマをわりふり采配する。兼務する品質管理部では多様なキャリアの部下８人と向き合う。分析機器をいかに使いこなすか、異常値が出たときにどうするか、丁寧な説明を心がけている。ＩＳＯ、ＪＡＳ規格など品質規格から製造や製品にかかわる専門知識までレクチャーする勉強会も月１回開くという。

「任せるところは任せる、責任は私がとる」

そう言い切る尾花さんは、いまや堂々たるリーダーにみえるが、本人いわく葛藤がある。「前のマネージャーだと、これではOKもらえなかったのになあ」と部下がつぶやくのを聞いて、ぎくりとしたこともあった。「私はまだまだ甘いのかも」と内心つぶやき、厳しくなれない我が身を振り返ることもある。

しかし、仕事をする姿は見せたいと思っている。交代で早朝出勤のある品質管理部では、自ら月数回、朝6時には出勤して品質確認の業務を担う。24時間稼働する工場で深夜つくられた製品を早朝出荷するにあたり、製品の品質の可否を判断するのだ。

小学生の娘を育てながらの早朝出勤はたやすいことではない。夫とは離れて暮らしているため、同居する両親に家事・育児を助けてもらっている。子育てをしながら責任の重い仕事を担ってきたことは、部下を束ねるうえでプラスになっているようだ。

同社は、子育て中の女性もシフト勤務に入るなど「特別扱いはしない」方針だ。「両立は大変だけど、一方でカバーする人の気持ちも分かってあげたい」と尾花さん。育休を取る社員には「安心して休んでいいよ。その分戻ってきたら頑張ってね」と声をかける。さまざまな立場の人のフォローを心がけているという。

女性の全部署配属を実現した「作業習得表」

横関油脂工業は、椿油などニッチな市場で圧倒的な成分シェアを握るものの、10年ほど前までは縮小均衡の経営状態に陥っていた。創業家の横関一族から次期経営者と見込まれ、２０１１年に役員として入り２０２０年に社長に就いたのが、伊藤幸一郎さん。プルデンシャル生命の支社長として同社に企業年金保険の営業に赴いたところ、横関長太郎前社長から引き抜かれたという。

改革に乗り出した伊藤氏は、技術力を強みに多種少量生産で大手企業や街の飲食店からの開発依頼に応える体制を整えた。人材戦略も見直し、地元高校からの新卒採用、女性の積極採用を始めた。同時に全職場で、仕事内容と求められるスキルを一覧にする「作業習得表」の作成を進めたところ、ほぼすべての作業を女性が担えることが分かった。24時間稼働する製造現場であっても、労働基準法により女性に制限されている重量物の運搬などはごく一部にすぎない。すべての部署に女性を配属できることが、作業習得表により「見える化」した。

とはいえ製造現場への女性の配属には、反対の声もあがった。「人間の性《さが》として、自分の存在感を高めるために『お前には無理』などと言いたがるもの。しかし、できないものはない」と伊藤社長は踏み切った。

女性を工場に配属して24時間交代勤務にも組み込み、資格取得者にはフォークリフトの運転も任せた。これが近隣の高校で評判となり、「私も工場で働きたい」という女性が応募してくるようになった。10年ほど前まで男性一色だった製造現場は、いまでは約４割を女性が占めている。

経営戦略に人材戦略がうまくかみ合って、売上は２０１１年の27億円から２０２３年は56億円と2倍強に伸びた。若者、女性、中途入社組といった多様な人材が成長の推進力となったのだ。

新卒の大卒女性第一号として入社した尾花さんは、いまではマネージャーとして地元高校の卒業生から博士号をもつ中途入社組まで束ね、研究開発の要となっている。

尾花知里 さん(44)

プロフィール

1980年、茨城県北茨城市生まれ。2003年東洋大学卒業、新卒の大卒女性第1号として横関油脂工業に入社。研究開発室に配属され、新成分の開発に携わる。2013年、育児休業から復帰後、チームマネジメントも担う。2019年に研究開発部・品質管理部マネージャー。同居家族は両親と娘1人(夫は単身赴任中)。趣味は、旅行の計画を立てること。愛犬との旅が楽しみだ。

本社横の工場前で伊藤社長(右)と尾花さん

横関油脂工業

- 本社:茨城県北茨城市
- 創業:1961年
- 従業員数:117人(正社員108人、パート従業員9人)
- 女性社員割合約5割(女性管理職4割)
- 事業内容:食品、化粧品、工業用の油脂や天然ワックスの製造などを手掛ける。大手企業や飲食店の小ロット、多品種生産の要望に応える。天然由来の油脂開発を強みとし、SDGsの目標達成を目指す企業からの開発依頼が増えている。北茨城市内に2つの工場をもつ。

保育所を立ち上げ「子育てできる運送会社」に

ケース❷ 岡山スイキュウ（岡山県岡山市）経営管理本部
総務部次長 **松原洋子**さん（51）

岡山は、物流の結節点である。関西から山陽、九州へと東西に結び、山陰、四国と南北につなぐ。そこで運送・物流業が発達するが、ドライバーは長時間労働となりがちなうえ荷物の積み下ろしには力仕事もあり、長らく「男の職場」のイメージから抜け切れない。

そのなかで、従業員568人を抱える総合物流業の岡山スイキュウは、女性ドライバーの雇用に取り組み、企業主導型保育事業も手掛け、2つの保育所を経営する。

東西に走る国道2号線沿いの岡山県トラックターミナル（岡山市中区倉富）の裏手で保育所を運営していると聞き、ここに同社の「倉富物流センター」を訪ねてみた。県下の運送会社が集まるターミナルで、各社の事業所には見上げるような大型トラックが何台も並ぶ。

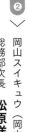

「ここになぜ保育所を?」、早くも疑問がわいてくる。

保育所の立ち上げを手掛けた、総務部次長の松原洋子さん（51）に話を聞いた。新卒の大卒女子第1号として入社し、事務部門でセンター立ち上げや経理システム刷新などを手掛けたのち、現職に就いたという。同社で女性管理職は３人、そのうちのひとりである。

全国ワースト2位の待機児童解消のため新規事業を計画

２０１６年のある日、事務所で弁当を食べていた松原さんは、社長からこう声をかけられた。

「岡山市って、世田谷に次いで全国２番目に保育所の待機児童が多いって知っとった？」

「えっ本当ですか。岡山も大変ですね」

２０１６年４月時点で、岡山市の待機児童は７２９人で、前年の５倍に膨らんでいた。

２人の会話は、事業所に保育園があれば子育て中の従業員も安心して働き続けられる、地元の乳幼児を受け入れれば地域貢献にもなる、では調べてみよう……と発展した。

ランチタイムの何気ない会話から、松原さんが保育事業の立ち上げを任されることになる。

当時、経理部で新しい会計システムの構築を担っていた。この難題と同時に、保育事業をゼロから立ち上げる挑戦が始まった。

「保育所って何？」「土地をどう探す？」。子育て経験のある松原さんだったが、子どもは母親の協力のもと幼稚園に預けていたので、保育園事情は分からない。まずは男女合わせて７

00人ほどにアンケートを取り、保育ニーズの調査を行った。

開設にあたっては、施設整備費用の4分の3まで助成が受けられる「企業主導型保育所」を目指し、市役所の担当者や、助成を決める市の開発委員会に対するプレゼンテーションを重ねた。「なぜこの地域に必要なのか」、説得力をもって語らなくてはいけない。

物流業には縁のなかった専門家の力も必要だ。事業協力者を探すため、片端から電話をかける日が始まった。まずは、保育園運営会社。現場を見て回るために、岡山県の子育て支援員に応募して視察も重ねた。協力を仰ぐ小児科医、歯科医師、そして不動産会社、建設会社、デザインの会社など、何件電話をしたか分からない。

保育事業を立ち上げて間もなく、松原さんは自主的に制服を着るのをやめた。自治体でプレゼンテーションをしたり、事業協力者の間を走り回ったりするのに「制服では仕事になら

「第2かもめ保育園」に立つ松原さん。2つの保育園は地域住民にも開放し70人ほどの園児を預かる

ない」と判断したのだ。

2018年9月、企業主導型保育所「かもめ保育園」が岡山市南区の本社近くに開園した。隣接する公園で子どもたちはのびのび遊ぶことができる。続く2021年10月、市内トラックターミナル裏手、目の前に田んぼを望む同第2園がオープンした。

第2かもめ保育園の開設にあたっては、新たな壁が待ち構えていた。「なぜトラックターミナルの横に開くのか?」。市の担当者からの鋭い質問に対して、ターミナルには自社と他社併せて200人の従業員が働くこと、男女問わず従業員の子育て支援が必要なことを説明した。ようやく申請が通ったところで、新型コロナウイルスの感染が拡大し、今度は資材集めに苦労した。

開所日を迎えた日、雨続きの天候の合間に爽やかな晴れ間が広がり、陽光がさし込んだ。レンガ調の外壁タイルに、同社のシンボルマークであるかもめのマーク、そして青赤黄色緑とカラフルな「かもめ保育園」の丸い文字が、柔らかな光に包まれて浮かんでいた。

これからは「選ばれる保育園」に

夕方5時を迎えると、傍らのトラックセンターで働く保護者が、第2かもめ保育園に次々子どもを迎えにきた。にぎやかな子どもらの声と親子の姿がしばらく交差したあと、園は静かに一日を終えた。

「かもめ保育園」は、自社の従業員のみならず同業他社計55社の従業員、そして地域住民にも開放し、2園併せて70人弱の子どもを預かる。

預かりは朝7時半から18時半まで。多くの保育園では夕方の延長保育を利用した場合に追加料金がかかるが、同園では延長料金はとらないなど、認可外ならではの柔軟な保育サービスを提供する。「認可保育園に預けるには両親共に働いていないとダメで条件が厳しい。こちらに預かってもらえたおかげで配偶者が復職できた」。女性だけでなく男性の従業員からも、助かったという声が挙がる。

全国的に待機児童が減るなか、岡山市も2024年4月にはついにゼロとなった。そのなかで、松原さん自身はかもめ保育園の役割がさらに増していると感じている。岡山スイキュウに入社した理由として「保育園があったから」という新卒・中途入社者がこの2年で6人に上る。さらに、従業員向け福利厚生としたいという企業との契約も増えている。

これからは「選ばれる保育園になることが求められる」として、岡山スイキュウならではの保育サービスに知恵を絞る。同社グループが経営する農園「かもめファーム」に、「いちご狩り」などに出かける遠足企画は人気がある。勤労感謝の日には、隣接するトラックセンター内の職場で会社見学を行う。

松原さんのゼロからの挑戦を見守っていた片山順二社長(62)は「やりぬく力が抜きん出ている。安心して任せられる」と語る。

子どものころから物流の世界に憧れる

父も祖父も岡山スイキュウで働いていた松原さんは、子どものころから物流の世界に憧れを抱いていた。

「ものを早く正確に運ぶことに興味があって、トラックを見るとワクワクした」

東京で大学時代を過ごすなかで、大学生協の学割を使って大型免許を取った。

他社からの誘いもあったが、岡山スイキュウで働くイメージは揺るがず、帰郷して入社。当初は憧れのイメージと男職場のギャップに戸惑い、女子トイレがないことにも驚いた。松原さんら女性が働きやすい環境を求めてあきらめずに声を上げ続けた結果、6年ほど前に女性トイレが全社に整えられたという。

松原さんは管理部門で新拠点の立ち上げなどを任されて手応えを感じていたが、入社10年が経ったころ、退社も考えるほど悩みの渦にはまった。従業員やドライバーの退職者が相次ぎ、経営方針と人材戦略のマッチングに疑問を覚えたのだ。

ちょうどそのころ、出産後に産休のみで復職したばかりで、子育てとの両立に苦慮していた。当時はまだ育休制度がなく、両立を支援する環境が整っていなかったのだ。産休取得第一号で、子育てしながら仕事を続ける女性の先輩はひとりもいなかった。夫婦それぞれの両親は市内に住んでいるとはいえ、核家族で家事・育児は分担するしかない。夫のほうが休みを取りやすい仕事のため子どもと向き合う時間は長かったが、料理は苦手。いきおい妻の仕事となる。片付けはどうする？　洗濯ものを干すのは誰？　綱渡りの日々だった。

悩みを解決するきっかけは、「私のキャリアデザイン」と銘打つ社外勉強会に参加したことだった。キャリアコンサルティングの資格をもつ講師に勧められて勉強を始めるうちに、松原さんも自身を客観的に見つめる「マイセルフカウンセリング」の目線をもつようになった。

まずは「自分を知る」こと。何に興味があるのか、次に何を手掛けたいのか。何があっても自分のなかで大事にしたい「主軸」は何か。自身への問いかけをするなかで「いまの職場でできることはないか」と考えるようになり、腹が据わった。

仕事と子育ての両立の悩みも、家庭、職場、地域社会など多面的に役割を考える「ライフキャリア・レインボー」を学ぶなかで、解決の手がかりが見えてきた。職業人、母親、子どもなど、すべての役割をフルで担わなくてもいい、その幅を調整すればいいと気付いた。自分がいま大切にしたいことにより時間を割けばいいと思えるようになった。

キャリア開発について15年以上学ぶなか、社外のキャリアカウンセラー仲間とつながり、助言をもらい、支えとなってもらった。

学びは思いがけず、職場でも生きることになる。保育園を運営するなかで、保護者との面談ではまさに傾聴が求められる。入園児の保護者面談から、悩みを抱える保護者からの閉園後の電話まで、松原さんがすべて対応する。ときには発達障がいと思われる子どもの保護者と向き合うこともあり、カウンセリングの知識が生かされる場面は少なくない。

従業員の娘が「お母さんのようなドライバーになりたい」

同社が女性活躍に力を入れ始めたのは２０１６年からのこと。現在の課題のひとつは、女性幹部の育成だろう。部長クラスが１人、課長２人と、まだパイプラインの形成が十分とはいえない。

もうひとつは、女性ドライバーを増やすことだ。トラック運転手の慢性的な人手不足に加えて、労働時間の規制が厳しくなるなか、女性ドライバーの採用は解決策のひとつとなる。現在、女性ドライバーは21人で全体の7・6%。女性にとっての壁となっていた、重い荷物を「手積み、手降ろし」する作業は減りつつあり、パレットに置かれた荷物を有資格者ならフォークリフトで荷積みできるように変わってきた。

ドライバーの平均就業時間が10時間前後と長時間労働であることも、子育てなど時間制約のある社員にとって壁となってきた。そこで、労働時間8時間プラス休憩1時間で計9時間となる「子育て従業者用運航コース」も用意しており、これまでにこのコースを利用した女性ドライバーもいる。8時間就業で可能な仕事を営業がどれだけ開拓できるかも、コース運用のカギになるという。

女性ドライバーなら小型の2、3トン車というのは、いまや古い常識になりつつある。最近では10トンの大型車に乗りたいという女性が増えており、同社でも5人の女性が大型車のハンドルを握る。

ただし、ハード面での課題は残る。社内の環境整備を進めたとしても、幹線道路に10トン車を停めることができる休憩所が少なく、女性トイレや着替え室、シャワールームが整備されていないところもある。運転中のみならず、冷凍庫内での荷積み作業を負担に感じる女性も少なくない。防寒着を用意する、あるいは荷積みのＩＴ化を進めるといった対応策も求められる。女性ドライバー育成には、業界全体で取り組む必要があるのだろう。

岡山スイキュウをみると、社内にロールモデルも誕生している。２０２２年に40代のベテラン女性ドライバーが、全国のトラックドライバー・コンテスト女性部門で優勝した。大型トラックでスーパーなどに食品を輸送している社員で、シングルマザーとして子ども３人を育てながらフルタイム勤務を続けてきた。娘はいま同社でアルバイトをしており「お母さんのようなドライバーになる」のが夢だという。

「男性も女性も、安心して子育てしながら働けるようにする。人に頼る物流から、機械を生かす物流へと転換する」と片山社長。

物流の労働規制が強まるなか、女性ドライバーにとって働きやすい環境をつくることが、働き方を変革するトリガーとなるかもしれない。変革を担うひとりとして松原さんは、事業所内保育所の経営、職場環境の改善に奔走する。

松原洋子 さん(51)

プロフィール

1973年、岡山県岡山市生まれ。大学時代に大型免許を取得。1995年亜細亜大学卒業、岡山スイキュウに入社。管理部門を経て、2004年に係長。2016年本社経理部、翌年保育事業の立ち上げ責任者。2019年保育事業部担当課長、従業員相談室相談員を兼務。2024年総務部次長。同居家族は、夫と娘。趣味は書道とドキュメンタリー番組鑑賞。料理は和洋中何でもこなす。

岡山市の倉富物流センターで、片山社長(左)と松原さん

岡山スイキュウ

- 本社:岡山県岡山市
- 創業:1955年
- 従業員数:
  568人(正社員499人、非正規社員69人)
- 女性従業員割合15%(女性管理職10.7%)
- 事業内容:運送業を核に、倉庫、不動産事業も展開し、メーカーや販売会社の物流業務をワンストップで担う。3つの温度帯の倉庫を有し、食品輸送に強みをもつ。岡山県を中心に物流センターを4つ、営業所・事業所を5つ構える。2027年はじめに市内に1万1000坪の土地に冷凍冷蔵の物流倉庫を開設する予定。

30代で管理職になりZ世代の育成に奮闘

ケース③
佐川印刷（愛媛県松山市）第三ソリューション部部長
東予営業所所長　**浦部千恵**さん（40）

蜜柑の果汁あふれる切り口、そして瀬戸内の新鮮な魚――、この魅力を表面の凹凸まで再現してみずみずしく伝える印刷技術がある。愛媛県松山市に本社をおく佐川印刷の「２・５Ｄリアルプリンティング」。世界各国の革新的な印刷製品がエントリーする「ＦＥＳＰＡアワード２０２０」において最高賞を受賞した技術である。

松山駅から車で15分、佐川印刷本社を訪ねたところ、通された会議室の壁紙に度肝を抜かれた。壁面の片面は瀬戸内海にかかる大橋、そしてもう片面は松山城。鮮やかなデジタル印刷が、技術力をものがたる。

同社は女性活躍推進に本腰を入れ20年以上、現在は全職域で女性が働き、女性管理職比率は24％に達する。そのうちのひとり、浦部千恵さん（40）は、営業本部で第三ソリューション部部長として部下を率いる。

「はじめまして、浦部です」と差し出された名刺も「２・５Ｄリアルプリンティング」。柑橘類の凹凸印刷からプチプチッとした質感が伝わってくる。一度手にしたら記憶に刻まれるとあって、県内自治体の町長や地元砥部《とべ》焼の作家の名刺にも採用されているという。

「名刺に刷り込んだこの花は、中央に凹凸をつけて立体感を出そうと社内のスタッフと何度も打ち合わせをして……」。浦部さんは、制作物をつくるうえでのこだわりを話し始めると止まらない。ものづくりが大好き、そんな熱い思いが伝わってくる。

デジタル化で生産性を向上、長時間労働を脱する

いま印刷の世界は大きく変わりつつある。従来の紙印刷のみならず、布や壁紙の印刷、WEB、動画との連動など商材が大きく広がっている。

浦部さんは、クライアントのひとつである愛媛県庁にもさまざまな提案をしてきた。オール愛媛で食品ロスを進める県庁に、県民公募の写真でモザイクアートをつくるWEBキャンペーン企画を提案したり、県漁政課が出店するシーフードショーに2・5Dプリントによる1・5メートルほどの大きさの魚パネルを作成したり、次々に新しい提案をして形にしてきた。最初にどの顧客に企画を提案して先行事例をつくるか、新技術に挑戦する製造現場と連携し、浦部さんは絶えず頭をひねる。

「難しい仕事から逃げずにチャレンジする」

佐川正純社長（62）はその仕事ぶりを評価する。

同社がいち早く高度なデジタル印刷に舵を切ることができたのは、佐川社長がキヤノン研究開発所の出身であることも大きい。請負型の紙一本の印刷から脱却、高い技術を武器に高付加価値の印刷物を実現すること、さらには紙のみならず多様な媒体を組み合わせて「コミュニケーションの設計」を提案し、制作まで一気通貫で受けることで、収益性の高いビジネスモデルへと転換した。時間当たり生産性を上げる、これが女性の継続就業と多様なライフスタイルの人が活躍する土台となる。

印刷枚数を発注ミス、泣きながら工場長に電話する

思わず手が伸びる配色に書体――、浦部さんは岡山大学夜間部に通うころ、ライブハウスで意匠をこらしたフライヤーを集めるのが好きだった。印刷出版の世界を志した出発点だ。

就職にあたり「愛媛県」「印刷」「出版」でインターネット検索をして、佐川印刷に出合った。母親は地元・愛媛県宇和島の市役所に勤めて結婚するまで働けばいいとして、民間企業に就職することに猛反対だったが、「生まれて初めて親に反抗して」思いを貫いた。

営業を希望したのは、何となく「みなで企画を考えて形にするのが楽しそうだった」から。入社当時、すでに女性の営業職が活躍していて地ならしがされており、順調に営業のスタートを切った。

ところがある日、自治体の地域振興券のポスターを納品するにあたり、改めて見直したところ、違和感を覚えた。A券1万、B券5000、C券3000……「あれ?この数字!!」。3種類の地域振興券の枚数変更を印刷工場に連絡し忘れていたのだ。工場長に泣きながら電話をかけた。

「数量を間違えました」

「分かった、追加で印刷しよう」

工場長の号令の下、なんとか期日どおりに納品できたものの、落ち込んだ。

ミスが重なったある日、営業から営業支援部への異動の辞令を受ける。資材発注などを行う営業サポートの部門だ。ここで初めて、なぜミスを重ねたか腑に落ちた。営業部門では「チラシ1000枚」と画面をクリックするのみで発注が終わった。その後いかに資材が調達されて、印刷・納品されるか、後工程がイメージできていなかったのだ。

間もなく、古巣の営業へ戻る内示。「恥ずかしながら営業に戻って参りました」、こうあいさつをして頭を下げた。この経験を肝に銘じ、いま部下を指導する。「絶対間違えてはいけないポイントはここだ」と力を込めて、仕事の背景や後工程の説明まで言葉を尽くしている。

主任、主幹営業職、次長、そして部長と肩書がついてから、部下指導に思いを巡らすことも増えた。「仕事と私生活は完全に分けたい」「失敗はしたくない」という後輩の態度に戸惑うことも度々ある。

ある日、20代の部下のひと言に息をのんだ。

「どうして僕がこんなにほめられるのか、分かりません」

若い世代は、ほめて伸ばすのが肝要だと聞いており、電話のかけ方がうまいなど小さなことまでほめるように心がけていた。ところが若い社員からすると、あまりにほめられすぎで「バカにされている」と感じたようだ。「本当に難しいです」とつぶやきながらも、若手社員の価値観や個性を尊重しようと、頭を切り替えるよう努めている。

とはいえ、印刷所にとって納期は絶対である。締め切りに間に合わないとき「お客様から原稿が来なかったので」という他人事のような言い訳は受け付けない。本人が責任をもって進行するよう、ときには失敗もしながら体得するよう見守りつつ育てている。権利を主張する若手社員には「権利には義務も伴うよね」と、やんわりと諭すこともある。

営業部門で女性の先輩が退職してからは、女性の後輩への指導を託されるようになった。髪が金髪に近い、ネイルの色が派手すぎるなど首をかしげることがあると男性部長から「注意しておいてくれ」と頼まれる。

女性部下の月経時の不調にも目配りする。不調に気付くと「無理しなくていいよ、切り上げて帰ろうか」と声をかけることもある。女性社員の体調変化について職場の理解を促す触媒になっているようだ。

正社員とパート社員を選べる制度を導入

2000年に事業承継をした佐川社長は、早くもこのころから、女性社員の活躍を進めないと会社の未来はない、と見通していた。愛媛県は全国より25年も早く人口ピークを迎え、1985年から減少カーブを描き始めた。こうした動向を見据え、二十数年前から働き方改革に乗り出し、同時に女性活躍を進めたのだ。

アクセルを踏み込んだきっかけは、2004年に労働局の訪問を受け「ポジティブアクション」(積極的格差是正措置)のチェックリストを渡されたことだという。当時から男女差のない処遇で自信満々だった佐川社長は、チェック項目を見て愕然とした。

「すべての部署に女性がいる」

「すべての会議に女性が入っている」

「採用時の面接官に女性がいる」

未達成の項目が少なからずあったのだ。これを一つひとつつぶすように実行していった。

社員は当初「営業部門にも女性? うまくいくの?」「女性はすぐ辞めてしまうから」と半信半疑だった。しかし「新しいことに挑戦するのだから、前例がないのは当たり前」と佐川社長はあきらめなかった。営業部門から「重い納品物を女性がどうやって運ぶのか」という声が上がれば、納品係と営業の仕事を分けるなど工夫を重ねた。

さらに「男女均等な環境をつくるだけではなく、女性に少し下駄を履かせないと平等には近付かない」ことに気付く。子どもがよく熱を出すなど、子育てと仕事の両立に苦労をする女性社員もいる。女性を少し応援することが、平等な環境を生む。ポジティブアクションをまったくとらないと、男性中心の組織に戻ってしまう。

社員一人ひとりの事情に対応しようと、正社員、パート社員など継続就業ができる働き方を選べる制度も設け、「(両立に悩む)社員が辞める理由がなくなった」と、佐川社長は胸をはる。

管理部で次長を務める加納飛鳥さんは、育休復帰後にいったんは管理職から退いて短時間勤務となり、1年後にフルタイムとして復帰するにあたり元の役職に戻った。他の部署では、夫の転勤に帯同し広島でテレワークをする女性社員もいる。

浦部さんもまた、2年前に結婚を機に松山から車で1時間ほどの新居浜市に転居したことに伴ない、週3日は近くのシェアオフィスで仕事をし、週2日本社に出勤という働き方に切り替えた。「いろいろな働き方が認められる環境だったので、結婚して転居することにも不安がなかった」と浦部さん。結婚相手が長距離トラックの運転手で不在がちのため、結婚後も仕事に集中するライフスタイルに変化はないという。

取り組みの成果はデータにも表れている。2004年に6・3年だった女性の勤続年数は2024年には14・5年に延び、女性管理職割合もこの20年で4％から24％まで増えた。新卒採用に占める大卒女子の割合は、この10年をみると6割を超える。

浦部さんや加納さんら女性管理職が音頭を取り、社内女性ネットワーク「SAKAWAなでしこ連」も誕生した。加納さんが県のメンター制度で知り合った地方銀行の女性社員と交流する会を開いたこともある。社外で得たヒントをもとに社内のつながりを深めていく。取り組みを始めて20年超、佐川印刷の女性管理職は社内外をつなぐハブの役割も果たしている。

浦部千恵 さん（40）

プロフィール

1984年、愛媛県宇和島市生まれ。2008年岡山大学の夜間部を卒業。佐川印刷に入社し、営業部門に配属される。2015年主幹営業職、2017年第一ソリューション営業部次長、2023年第三ソリューション部部長・東予営業所所長。結婚して新居浜市に転居したことに伴い、東予営業所所長兼務となり、新居浜市の営業先を開拓。同居する家族は、夫。趣味は、夫との食べ歩き。

佐川印刷によるデジタルプリント壁紙を背に、佐川社長（左）と浦部さん

佐川印刷

- 本社：愛媛県松山市
- 創業：1947年
- 従業員数：82人（正社員69人、パート従業員13人）
- 女性社員の割合5割（女性管理職24％）
- 事業内容：紙媒体の制作、印刷を中心に、ホームページ作成、空撮・動画などマルチメディア事業を展開。「愛媛が元気になれば佐川印刷も元気になる」を合言葉に、自治体・地元企業の「コミュニケーション」を支援する。県内6カ所に工場、事業所を構える。

COLUMN 2

転職サイトかハローワークか

テレビやインターネットでは転職紹介サイトのCMが花盛り、本書に登場するハローワークの利用例をみて昔の話ではと思った読者もいるかもしれない。だが、ハローワーク利用者は減少傾向にあるものの健在である。ただし、地域や年代によって違いがある。

職を得た人がどこで情報を入手したか、厚生労働省「雇用動向調査」の「入職経路」をみると、最も多いのが「広告」で、「縁故」「ハローワーク」と続く[*1]。広告はかつての新聞広告からインターネット広告へと中身が大きく様変わりしているものの、長年この上位3つに大きな変化はない。若い年代ほどインターネット広告を利用する割合が高く、20代では広告経由で職を得た人がハローワークの約4倍、一方50代になると、これが1・4倍となる。

民間の有料人材紹介サービスと、求人・求職ともに利用料がかからないハローワークでは、明らかに役割が違う。ここでは転職シーンで比べてみたい。

全国544カ所にあるハローワークは地元企業との付き合いが深く、対面の就職相談で詳細な企業情報が得られる。都市部よりも地方での利用率が高く、従業員300人未満の中小企業の求人が約95%を占める。就職率は女性のほうがやや上回るが、これは女性にパートタイムの職を希望する人が多いためとみられている。全国206カ所にマザーズハローワークとマザーズコーナーも設けられている。市役所内などに子育て期の人を支援対象とするハローワーク窓口をおく自治体は全国に36あり、女性の就職支援に効果を上げているという。

一方、民間求人サイトは写真、動画、口コミの掲載など情報が多彩で、企業からのスカウト機能やオファー機能もある。利用年齢層は若く、人材サービス会社大手の「エン転職」では35歳以下の会員が7割弱を占める。同サイトの求人数は首都圏が7割、その他エリアは3割。「その他エリア」では、従業員300人未満の中小企業の求人は35％ほど、そのうち約6割が「女性歓迎求人」をうたう。エン転職側では、UIターンを希望する女性を支援するために、転居費用や家電購入費の補助、また女性寮の整備などを求人企業に提案している。

全国どこからでも、地方の就職情報が得られる時代になった。地方企業がいかに自社の魅力を発信するか、民間サービス会社やハローワークがいかにマッチング機能を進化させるかが問われている。

＊1　厚生労働省「雇用動向調査」入職経路（2023年）

第3章

出戻り転職で管理職に

故郷に戻る女性と地元企業をつなぐ

コロナ禍でテレワークが浸透したことも受け、若い世代を中心に地方移住の関心が高まっている。内閣府の2023年オンライン1万人調査によると、東京圏に住む20代で地方移住に関心を持つ人は半数近くの44・8%。3年で5ポイント増えている。[*1] かねてより、若年期の地域移動が多いことは指摘されているが[*2]、新卒就職のタイミングを過ぎても、離職、転職、結婚などをきっかけとしたUターンが少なくない。

労働政策研究・研修機構による調査のなかで、Uターンにあたり、女性が男性以上に「仕事面で気がかりだ」として挙げたのが、1位「求人が少ない」、2位「希望にかなう仕事がみつからない」、3位「収入が下がってしまう」というものだった。とりわけ結婚を機に地方移住した女性は、苦労したこととして「仕事がなかなか見つからなかった」とする人が、男性の3倍近くに上った。地元の仕事情報を届けることが、Uターンを促すカギとなる。とくに女性ほど就業支援ニーズが大きいといえそうだ。第2章のコラムで触れた通り、マザーズハローワークや地方自治体などによる支援が求められるところだろう。

本章に登場するのは、Uターン、Jターンを経て、地方企業でステップアップを果たした

3人の女性だ。都会の仕事になじめずに離職して、故郷に戻った人が2人。やりたい仕事を探し求めたわけではないが、縁あって就職した会社ではからずも30年にわたり地道に歩むことになる。目の前にきた仕事にコツコツと取り組み、自分なりに深掘りするうちに、マネジメントも担うようになった。「天職は出会うものではなく、つくるもの」と、ある人材育成の専門家が語っていた言葉が思い浮かぶ。

もう1人は、東京圏や札幌で働いたのちに、望むライフスタイルを求めてJターンした女性だ。専門を生かそうと、自ら動いて転職先を切り拓いた。一般的には転職の支援はあったほうがいい。しかし、何もなくても道を拓くことはできる。そのたくましさに、学ぶところ大である。ただし、入社後に経営トップはじめ会社が成長の機会を用意したことは、これまでに登場した8人と共通するところだ。

＊1　「新型コロナウイルス感染症の影響下における生活意識・行動の変化に関する調査」（内閣府、2023年）。インターネット調査で10056人が回答

＊2　「UIJターンの促進・支援と地方の活性化」（2016年、労働政策研究・研修機構）。25歳～39歳の出身県の定住者・Uターン者・県外居住者計6000人、25歳～44歳の地方移住者1000人にオンラインで調査

過疎化の進む町で全国ブランドの「ものづくり」を率いる

ケース❶

石見銀山生活文化研究所（島根県大田市）ものづくり事業部部長・群言堂ブランド・デザイナー　柳澤里奈さん（48）

島根県の過疎化が進む人口400人の山間の町に、2023年までの10年で98世帯が移り住み、子どもが43人誕生した。島根県大田市の大森町である。

石見銀山《いわみぎんざん》で栄えたこの町は、全盛期に人口20万人を擁したとされる。1943年の閉山後寂れる一方だった町で、古い家屋敷、そして暮らしを再生する動きが広がり、いま若い男女が移り住んでいるのだ。Iターン、Uターン組を迎える職場が、義肢をつくる中村ブレイス、そして群言堂ブランドで全国に30以上の店を構えるアパレル会社石見銀山生活文化研究所である。

「根のある暮らし」が若者を引き付ける

山陰本線出雲駅から2両編成の特急に乗って大田市駅へ。駅前から石見銀山行の路線バスに乗る。1時間に1本ほどのバスの乗客は1人。空き家の目立つ市内を抜けて、バスは森の中に吸い込まれていく。走ること30分、山間の町、大森の入り口に着く。

歩き始めて間もなく、赤褐色の石州瓦《せきしゅうがわら》を抱いた古民家や武家屋敷が並ぶ通りが現れた。ここに群言堂は商家を再生した本店を構える。ここから徒歩数分の田んぼの先に、金属製のオブジェが現れた。その奥に、昔懐かしい大きな茅葺きの家が建つ。「鄙舎《ひなや》」と名付けられたこの屋敷はイベントなどに使われるほか、普段は社員が集まって昼食をとる場にもなっている。6月になれば社員総出で、本社前の田んぼで田植えをする。裏山の罠に猪がかかったときには、資格をもつ社員がさばき、社員全員分の猪ラーメンをつくったという。

群言堂本店の周りには、武家屋敷や古い民家を改築した建物が並ぶ

社是は「根のある暮らし」。復古創新を掲げて、里山の美しい暮らしを時代に合わせた形で再生する。この独特の経営理念がテレビや雑誌、ネットメディアなどで取り上げられるようになり、10年ほど前から全国で知られるようになった。いま大森町で働く社員54人の3分の2はIターン、Uターン組の若者で、Iターン組は実に25人に上る。古民家を再生した独身寮などに住んでいるという。

アップリケのデザインから、新ブランドのデザイナーに

石見銀山生活文化研究所は、創業者の松場大吉、登美夫婦が、大吉さんの生まれ故郷である石見銀山に戻り、1988年に衣類雑貨の会社を興したことから始まった。過疎化が進み人気《ひとけ》がない大森の町並みに、松場夫婦は石見銀山の歴史と文化の魅力を見出し、街を再生していく。そしてアパレル会社を立ち上げた。

立ち上げた群言堂ブランドは、職人の手仕事の技による素材を生かし、山陰の自然や暮らしの香りが漂う、どこか懐かしい空気を醸す。デザインチームを率いるのが、ものづくり事業部部長の柳澤里奈さん(48)。隣町出身で、高校卒業後は京都の花店で働いていたが、肌に合わず帰郷。紹介を受けてパート社員として同社に入り販売員となった。その半年後に正社員となる。

「君、いつも面白い服を着てるね」

社長(当時)の松場大吉さんに声をかけられ、未経験ながらデザイン企画に起用される。

当時はカントリー雑貨を扱っており、エプロンやワッペンなどに使うアップリケのデザインを手掛けていた。クマやサクランボなど見よう見まねで描いていたという。よく売れたのは、

カモミールのワッペン。21歳のときで、これが「最初の成功体験」とくすりと笑う。手元の紙を取り出して、さらさらっと、その絵を描いて見せてくれた。まずは手が動いて絵で表現したくなる、これがデザイナーなのだろう。

入社4年後、現在のキャリアの起点となる思いがけない人事があった。女性服ブランドの立ち上げにあたり、そのデザイナーに抜擢されたのだ。

社内に服づくりのノウハウが乏しく、パタンナー探しから生地や染めの発注方法まで、社外の協力者に教えてもらうしかない。「綿系の商品は、白地をまとめ買いして後染めすれば、ロットが少なくて多色展開できる」「これにもう一色かけると深い色になるよ」。アパレル産業での洋服のつくり方をゼロから教えてもらい、試行錯誤しながらのスタートだった。

30代半ばでヒット商品を生む

アパレルブランドのデザイナーといえば、華やかなイメージをもたれがちだが、内心は葛藤の連続だった。まず、自分のイメージを伝える言葉が見つからない。思い描いていたものを、商品として形にすることができない。つくりたいものと、売れるものとのギャップにも苦しんだ。

悶々としていたのは30代半ばのころ、経営状況も思わしくない時期だった。会社を辞めようか思い悩んだ。表情を見てとった社長から声をかけられた。

「辞めるにしても、社会とつながっていたほうがいいよ」

そのひと言が嬉しかった。19歳からお世話になっている会社、「やはり、ここで頑張ろう」と思いを新たにする。

30代半ばで手掛けた「ワークワンピース」がじわじわと売れて、ヒット商品となったことも、自信につながった。

開発にあたって想定したターゲットは、「働くお母さん」。イメージしたのは、パッチワークの先生だった母親と、子どもを育てながら働く自分自身の生活だ。1枚着れば外出着となり、帰宅してからすぐ台所仕事もできる洋服が欲しい。ヒントとしたのは割烹着。たくし上げられる袖にはゴムの代わりにリブ編みを施してアクセントとした。外出着にもなるようスタイリッシュな襟元にして、自宅で洗濯ができる素材にした。売れ行きが伸びるにつれて、デニム、柄もの、リネンなど色数、素材を広げていった。保育園などで制服に採用される例も出てきており、15年以上経ったいまも人気のロングセラー商品となっている。

石見銀山生活文化研究所所長の峰山由紀子さん（46）は、柳澤さんのことを「暮らしを面白がる人」だという。柳澤さんが「白いモンペ」を提案してきたときは、驚いた。モンペという作業着をはくときもおしゃれを楽しめるんだと、新しいイメージがわいてきた。「いつも想像の斜め上から面白い発想をもち込んでくれる人です」。

群言堂ブランドの大きな特徴は、なんといっても国産の天然素材だ。全国の織元や職人を訪ね歩き「近江のもみほぐし麻」「備後の綿麻藍染」などオリジナル素材を開発してきた。新潟県で職人が1人となった「マンガン絣」の復刻柄も手仕事の味わいがある。

これにシーズンのテーマが加わる。テーマを決めるにあたって、柳澤さんを中心にスタッフが気になるキーワードをどんどん挙げていく。大森の暮らしと世の中の動きを頭におきながら議論を重ねる。2025年春夏物は「緑と青」がテーマ。晴れ間が広がっても、どこかくすみのかかった山陰ならではの青空、そして日本海に臨む中国山地の深い森、春から夏にかけて色が移ろい変化していく、その色合いを洋服で表現するという。

ブランド名「群言堂」は、中国の教え、みなが目線を合わせて自由に発言しながらいい流れをつくるという意味の「群言」から名付けられた。まさに柳澤さんは「群言のものづくり」の牽引役である。

Iターン組の若者が増え「町の色が変わってきた」

柳澤さんは、実ははじめから大森の歴史ある佇まいに惹かれていたわけではない。

「山の中の暗い町で働く」

入社当初は、こんなイメージだったという。ところが若者が次々移住してきて、目に映る景色に変化が訪れる。

「町の色が変わってきた」

Iターン組が「山菜をとりにいって楽しかった」「こんなに働きやすい会社はないよ」と言うのを聞き、一度ならずハッとした。Iターン社員は実に多彩である。若手社員と触れ合うなかで、柳沢さんの視野が徐々に広がっていったのだ。

会社とはゆるやかな関係で業務委託として働く、通称「関わり社員」となると、さらに異色の人材が揃う。米UCバークレーを卒業した若者は、学生時代に群言堂で働いたことをきっかけに移住し、クラフトビールの開発や英語ガイドなどを手掛ける。群言堂の「根のある暮らし編集室」に席をおき、大森のまちづくりにもかかわる。新聞記者志望だった若者は、学生時代にインターンで訪れ、卒業後に大森に移り住んだ。現在は石見銀山生活文化研究所発行のタブロイド判の季刊誌を編集し、大森の魅力を発信している。

外からの「風」を吹かせる移住組は、町のあちこちにいる。写真家やアートディレクター、ドイツパンの職人など、クリエイティブな仕事をする人が少なくない。「風土」という言葉があるが、「土は土地の文化を守る人、風は外の文化をもち込む人、どちらも大切」と石見銀山群言堂グループ取締役の松場登美さんは言う。

石見銀山が世界３分の１の銀採掘量を誇っていた時代、日本全国から仕事を求めてヨソモノが集まってきた。交流人口の多かった土地の記憶が、いまも人の出入りを受け入れる土壌につながっているのかもしれない。

松場登美さんはまた、大森の町に各界の一流の人を招くことで、絶えず新しい風を吹き込んできた。チェロ奏者の藤原真理さん、サックス奏者の坂田明さんなどを招いてコンサートを開いたり、「鄙のひな祭り」なる催しに作家、デザイナー、藍染め作家、大学教授らを招いたり。柳澤さんは、こうしたイベントでもおおいに刺激を受けたという。あるとき町で開かれたシンポジウムに、インド人の哲学者サティシュ・クマールさんが登壇したときの言葉は、いまも鮮明に覚えている。

「人生はスロー、ものごとを考えるときはスモール、シンプルが一番美しい」

ものごとは小さい単位で考えると解決策を見出しやすい。仕事と子育てに追われていたころで、心にストンと落ちた。この言葉を記した紙は、いつも手帳に挟んで大事にもっている。

管理職として「群言堂」ブランドを率いる

同社は従業員230人の約9割を女性が占めるが、マネジャーは3人にとどまる。柳澤さんはそのひとり。女性管理職が少ない要因は、「現場仕事を楽しみたい」と考える女性社員が多いこと、また出産を機に辞める社員がいたなかで育成半ばのためだという。

柳澤さん自身は、ちょうど出産・子育てにあたるタイミングで、育児休業制度や復帰後の短時間勤務、有給休暇の時間単位取得といった制度が整えられ、働き続けることができた。9カ月の育児休業中には、次期シーズンの生地をスタッフが自宅まで見せに来てくれるなど、サポートがありがたかったという。

復帰後は子どもが3歳になるまで1時間の時短勤務で乗り切った。子どもが小学校にあがったいまも、早出早帰りのシフト勤務を続けている。5時には退社をして6時半ごろに帰宅、それから食事の支度をして夜9時に寝かしつけるまで、息つく暇もない。「夫は頼めば手伝ってくれるけど、頼まないと動かない」タイプだと苦笑いする。いきおい家事・育児はほぼ一手に引き受けることになる。

部下12人は全員女性、子育て中の女性も多く、年長の子どもをもつ人から助言をもらったり、子どもの病気で休むときには助け合ったりするという。

ブランドを率いるデザイナーとなっても、リーダーとしての迷いは続いた。何しろ人前で話すのが苦手だった。商品づくりのコンセプトよりも、感性が勝りがちであることも、自信をもてない理由のひとつだった。

管理職として腹が据わったのは、45歳でものづくり事業部の課長に就いてからだ。朝礼で社長から、課長就任の辞令の紙をみなの前で手渡された。給与体系の説明の席では、昇給の旨も告げられた。「チーフデザイナーとして務めを果たさなければいけない。でも肩に力を入れて、ひとりで頑張らなくてもいい」。経験を重ねたからか、ふっとそう思えた。

さまざまな場面で「判断を下す」場面が増えた。そんなときに助けとなるのが、外部メンターとの1ON1ミーティングだ。会社が契約するコンサルタントと月に2回ほど一対一のオンライン面談をすることができるもので、社員誰もが利用できる。会議で結論を出す方法、スケジュール管理などマネジメントの基本を改めて学び、経験則と照らし合わせることで、薄皮がはがれるように迷いが少しずつ晴れていった。

課長に就いてから3年目、さらに重責を担うことになる。ものづくり部の部長として、企画デザインのみならず、生産から検品まで幅広くものづくり全般をとりまとめることになった。顧客や従業員はもちろんのこと、製品づくりを委託する取引先、そして社会にとっても、かかわるすべての人にとって「よし」となる群言堂のものづくりを率いる重責を担う。

コロナ禍に加え、物価高で打撃を受けた機織や染物などの生産現場では、経営者の高齢化もあり廃業が相次ぐ。各地の生産地を回り職人たちと対話を重ねて、手仕事の付加価値を踏まえた価格引き上げを模索してきた。生産管理に売上管理と、数字に対する責任もある。

この2年は創業者である松場大吉さんが経営から退き、群言堂ブランドのアイコンでもあった松場登美さんも実務から離れるなか、次を担う経営幹部のひとりとして組織体制の再構築にも取り組んだ。群言堂ならではのものづくりのコアは何か——。議論を重ねるなかで、「はな・とり・かぜ・つき」を感じるものづくりを目指そうと、方向性を定めた。風をはらむ、鳥のさえずりが聞こえてくる、月の風情を感じる、そうしたブランドをつくり上げていこうと、社内で共通認識をつくり上げていった。

ものづくりにはワクワクする遊び心が欠かせない、その一方で売れるものが求められる現実と戦う。感性とビジネス感覚——、いつしか両輪をみがいて、マネジャーとしてひと回り大きくなった。群言堂に新たなページを開こうと、挑戦を続けている。

柳澤里奈 さん(48)

プロフィール

1976年島根県大田市生まれ。1994年島根県立邇摩《にま》高等学校卒業。1996年石見銀山生活文化研究所にパート社員として入社、半年後正社員に。2000年に新ブランドのデザイナー、2018年ブランド部リーダー、2021年ものづくり事業部課長・群言堂ブランドのチームデザイナー、2024年部長に昇進。同居家族は、夫と息子1人。趣味は旅行。神戸の器の店を巡るのが楽しみ。

所長の峰山さん(右)と柳澤さん

石見銀山生活文化研究所

- 本社：島根県大田市大森町
- 創業：1988年(石見銀山生活文化研究所の前身、有限会社松田屋創業)
- 従業員数：230人
- 女性社員割合約9割(女性管理職1.3%)
- 事業内容：「群言堂」ブランドで衣食住にまつわる暮らしの品の企画製造販売を行う。主な事業は衣料品で、全国30店以上の店舗を構える。その他グループ全体で飲食店や築230年超の武家屋敷を改装した宿の経営、古民家再生なども手掛ける。

茅葺き屋根の屋敷では、時折イベントが開かれる。隣に本社オフィスが建つ

柔らかい交渉力と確かな技術力でチームを率いる

ケース❷ ズコーシャ（北海道帯広市）技術部次長兼設計二課課長 村山和佳さん（51）

北海道帯広市に、働き方改革の先進事例として全国から視察が相次ぐ企業がある。「農業・環境・まちづくり」の分野で調査設計を行うコンサルタント会社ズコーシャである。

初夏、緑眩しい季節に帯広空港に降り立った。ビジネス利用と思しき客で機内がほぼ満席であることからも、道内中核都市であることがうかがえる。白樺の木立を抜けて帯広駅へ。ここから車で12分ほどのところ、幹線道路沿いのズコーシャ本社敷地内に、オフィス棟、データセンター、最新のフリーアドレスを取り入れた研究棟の3棟が建つ。道内5カ所の支社・支店・出張所を含め、従業員は236人に及ぶ。

この5年ほどで「働きやすさ」が認められて北海道でゴールド認定を受け、さらに内閣府の「男女共同参画白書」で好事例として紹介されると、新卒採用の応募者が倍増し、その半数を女性が占めるようになった。新入社員には九州出身者もいる。沖縄の大学で哲学を学ぶ女性が「ＩＴ関係の仕事をしたい」と応募してきて、人事担当を驚かせたこともある。

とはいえ、2000年前後から続いた公共事業抑制期に採用を控えた影響から、30代から40代の人材不足に悩む。女性管理職は現在2人。そのうちのひとりが、技術部次長兼設計二課課長の村山和佳さん（51）。15年に中途入社し、19年からは管理職として農業土木設計チームを率いる。

農業従事者との折衝の最前線に立つ

村山さんのチームは、国や自治体からの依頼を受け、農業土木の設計を行うのが主な仕事だ。農業用排水路を設計したり、排水施設の老朽化を調査したりするために高い専門知識が求められる。同時に、役所や農業従事者といかに折衝するかが、プロジェクトの成否を分けるカギとなる。

「こんな排水路をつくってほしかったんだ」

環境規制を守りつつ農家の意向を踏まえた設計で、農業経営者からこうしたひと言を引き出すのは並大抵のことではない。交渉の最前線に立つ村山さんの語り口は、あくまでも柔らかい。相手の主張をまずは「そうですよね」「大変ですね」と受けとめつつ、できないことは明確に説明する。最後には相手に納得してもらえる案を提示するのだ。

2021年には村山さんが率いたプロジェクトで「北海道開発局局長表彰」を受けた。釧路地域で環境に配慮したうえでの農業用水の確保、排水路の設計が高く評価された。関係者の間に立って難しい調整をしつつ、最後は3Dで設計図を見事に表現してプレゼンテーションをした。

「技術が確かなのはもちろん、交渉力とまとめ上げるリーダーシップがある」

同社の高橋宣之社長（53）はこう評価する。

実はいまでも土木設計の世界で、少数派の女性が信頼を得るのは簡単なことではない。

「(女性だけど）大丈夫？」

つい先日も、新規の仕事関係者から、こんな言葉をかけられた。しかし、名刺を見るや相手の表情は変わった。「技術士（農業部門）」「技術士（総合技術監理部門）」の資格名に目が留まったのだ。

実務経験が7年以上必要で、合格率1～2割強という難関資格を手にしたのは前職の札幌の建設コンサルタント会社時代で、37歳のころだ。

就職氷河期で「女性採用なし」の壁にぶつかる

村山さんは、札幌から車で30分ほどの北広島市で生まれ育った。北海道大学で木材工学を専攻するも、卒業時は就職氷河期に差しかかるころで、大手企業からは「女性採用なし」の壁に阻まれた。大学の指導教授の紹介で、千葉県の木橋メーカーに就職したものの技術職は必要とされず、すぐにコンサルタント会社に出向となった。数年後、バブル崩壊による経営悪化で手当ても賞与も出なくなり転職する。

30歳を迎えるころ、札幌の会社にUターン転職。このときは、派遣社員として再スタートを切ることになった。その後、力が認められて契約社員、そして正社員に登用される。農業土木を専門にする小さな会社で、専門技術を叩き込まれた。仕事を任せてくれる会社で、厳しいながらも楽しかった。

曲折を経ながらも、建設コンサルティングの分野でキャリアを築いてきた。しかし取引先からは、女性はなかなか「一人前」とみてもらえない。

「プロジェクトのリーダーを務め、認めてもらうには資格が必要だ」

こう考え、難関の「技術士」の資格を取得したのだ。

ズコーシャに転職したのち、さらに「技術士（総合技術監理部門）」の資格も取得した。

人的資源やリスクの管理など、マネジメントに必要な知識を問われるもの。当時の上司だった高橋社長から「管理職を目指してほしい」と後押しされ、「次のステップに進もう」と覚悟をしての挑戦だった。

部下は20代から60代まで

課長に昇進してからは、不慣れなマネジメント業務に戸惑う日々だった。参考になりそうな書籍を片端から手にとった。理論が吸い込まれるように頭に入ってきたのは、会社が全額負担するeラーニングで視聴したマネジメント講座。社員は希望すれば誰でも、語学や仕事に関する基礎知識を学べるものだ。村山さんは、グループリーダーの心得やアンガーマネジメントの講座などで学んだ。「ああ、相手の反応にイラッとしてしまうのは、こういう理由か」、日々の経験が理論で裏付けされていく思いだった。

実際の職場では、応用問題の連続である。20代の新卒社員から60代半ばのベテラン社員まで、部下11人のマネジメントにいまも頭を悩ませる。出張には極力部下を同行して、道中で相手の話に耳を傾けるようにしている。

「いまやりたい仕事はある?」

「働きにくいところはない？」

技術職では一人前の社員になるまで10年はかかる。個々の仕事意欲や成長スピードを見極めながら、いかに効率よく経験を積ませて育成するかを考える。30代社員の不足が大きな経営課題となるなか、村山さんの肩にも育成責任がずっしりとかかっているのだ。

リーダーとしては、周りに相談しながら決めていくタイプと自己分析する。折に触れて「どうしようか」と部下にすぐ相談してしまうと反省するが、それもまた若手育成のひとつのスタイルだろう。

悩みごとは、地元のネットワーク「十勝建設産業の未来を考える会」の仲間と共有する。建設会社、コンサルタント会社、行政の担当などが集う会だ。村山さんは女性部会の副会長を務めており、地元の農業高校や工業高校での説明会に出向いたり、懇親会を開いたりするなかで、サポートし合う関係が築かれた。

転職理由は「温泉が気に入ったから」

これまで5回の転職を重ねたのは、勤務先の経営状況だけではなく、バランスの取れたライフスタイルを求めたからだ。札幌時代に結婚した夫とともに、東京で働いてみようか、とともに転職したこともある。しかし、東京や千葉での生活は、どこか肌に合わなかった。

また北海道で暮らしたいと、札幌で以前勤めていた会社に再雇用してもらった。仕事はやりがいがあったが、繁忙期の仕事量は膨大で、ときに月の残業は150時間を超えた。タクシー帰りか、翌朝シャワーを浴びに帰宅するか。公私のバランスの取れた生活を送りたいと思うなか、大好きな温泉のある道東での暮らしが頭に浮かんだ。全国温泉巡りをするほどの温泉好き、なかでも十勝にはとくにほれ込んだ温泉がある。

転職をするなら、帯広にある建設コンサルタント会社ズコーシャで働きたいと思いを定めた。代表電話を調べて思い切って電話をしたところ、トントン拍子で採用が決まった。村山さんの転職後、夫も続いて帯広での仕事を得ることができた。夫婦二人暮らしなので、理想の暮らしに切り替えるのに迷いはなかった。

いまでは毎晩必ず、仕事の疲れを温泉で癒すという。十勝は褐色のモール温泉で知られている。地下1000mの深層から亜炭（ドイツ語でモール）層を突き抜けて噴き出す温泉は、アイヌの人たちから「薬の沼」と呼ばれていた。薬効効果が高いとされる温泉が、最大のリフレッシュとなっている。

帯広で望んでいたライフスタイルを手にしたわけだが、ズコーシャを選ぶにあたっては

「働きがい」重視だったという。ところが入社後に、同社の「働きやすさ」の改革が一気に進むことになる。

子育て社員の退職をきっかけに、働き方改革が始まる

２０１０年代後半、政権に返り咲いた自民党政権が公共工事を増やしたことで、同社の仕事量は膨れ上がっていた。長時間労働でなんとか乗り切るなか、子育てをしていた女性の中堅社員が「家族との時間をもちたい」と突然退職した。経営陣は驚いた。「働き方の改革を本気で進めないといけない」。早速、社長と子育て世代の男女社員との昼食会を開くことにした。「朝は子どもが体調を崩したりして、8時半の始業時間に間に合わせるのが大変」「会社のなかにも子育て中の仲間ができるといい」。会を重ねて挙がってきた声を受け、社長のかけ声のもと働き方改革のプロジェクトチームが発足した。

正規・非正規問わず、育児・介護など事由を問わず使えるフレックスタイム制度、月の就業時間を満たせば1日何時間働いてもいい制度、時間単位の有給休暇、子どもが小学校6年生まで年間15日間利用できる育児有給制度などが次々導入された。

２０１７年に制度を本格導入。当初は「役所の就業時間に席にいないのはまずい」「本当

に遅く来てもいいのか」と社員は半信半疑だったが、子育て中の男性管理職がフレックスタイムを利用し始めたことで空気が変わった。社内に制度利用を浸透させるポイントは「男女問わず、誰でも使える」ことなのだ。

従来から導入されていた能力開発制度を進化させ、評価の透明性を高めたことも、属性を問わない昇進・昇格につながっている。社員にはスキルマップやキャリアパスを示すことで現在地や目標を示している。

働き方改革の進展とともに、若い社員が次々入社するようになった。この4、5年「驚くほど若手が増えて、育成に割く時間配分を考えるようになった」と村山さん。技術部門は出張が多く、公的事業の受託で業務が年度末に集中するなど繁閑《はんかん》差が大きい。柔軟な働き方の制度だけでは、仕事の波は乗り越えられない。これが女性を管理職に引き上げていくうえでの壁ともなっている。

大きな仕事が舞い込むと、「これは大変だ」と部内からため息が出ることもあるが、村山さんは部下を前に「やったね」と声をかける。大変な思いをするものの「仕事は面白い」と伝えることも大事だという。育成のためには「働きやすさ」だけではなく、「働きがい」も必要なのだ。

村山和佳 さん(51)

プロフィール

1973年北海道北広島市生まれ。1995年北海道大学卒業、千葉の木橋メーカーに入社。2004年札幌の建設コンサルタント会社にUターン就職。結婚後、東京の建設コンサルタント会社等を経て2015年ズコーシャ入社、技術部設計二課に配属。2019年に同課課長、2024年から次長を兼務。同居家族は夫。趣味は、全国の温泉巡り。

ズコーシャのフリーアドレスの研究棟で、高橋社長(左)と村山さん

ズコーシャ

- 本社：北海道帯広市
- 創業：1959年
- 従業員数：236人（正社員152人、嘱託社員69人、臨時社員15人）
- 女性社員割合28%（女性管理職7%）
- 事業内容：測量会社として創業、現在は建設コンサルティング業、環境問題の研究調査業、市町村などのITソリューション業、土木建築設計など多様な業務を行う。業務の大半が国、北海道、市町村の公共事業で、災害関連のインフラ復旧にも取り組む。

自身の介護経験を通じて「すべての社員を守る」管理職に

ケース③ えびの電子工業（宮崎県えびの市）小林工場　部門責任者
衛生管理者　**後藤浩子**さん（59）

宮崎駅から高速バスで北西へ約1時間半、山の稜線を傍らに住居もまばらな緑の中を抜けていく。鹿児島と熊本の県境に近いえびの市に、えびの電子工業は本社をおく。電子部品や自動車部品の製造・検査を手掛ける同社は、宮崎県、鹿児島県に計6つの工場を構える。全国でも先進的な人事制度でいま注目されており、厚生労働省「グッドキャリア企業アワード2022」の大賞に全国5社のうちの1社として選ばれた。

人事改革を進めるなか女性管理職比率を5年で倍増させ、いまでは3割を占める。そのうちのひとりが、小林工場で部門責任者を務める後藤浩子さん（59）。品質検査を手掛けて30年になる後藤さんを、工場に訪ねた。

取引先の女性管理職をメンターに

「一度は都会に出てみたかった」

小林市の商業高校を卒業して首都圏の大手スーパーに就職したのは、誰もが一度は抱く思いからだった。配属されたのは埼玉県の店舗で、接客の仕事に就いた。憧れていた仕事のはずだったが、何かが違う。アトピー性皮膚炎を患うようになり、故郷の小林に戻った。

地元の大手百貨店に転職して同じく接客の仕事に就いたものの、どこかしっくりこない。辞めてアルバイトをしていたときに、新聞の求人広告を見た母親から「えびの電子工業を受けてみないか」と勧められた。29歳のときのこと。「1、2年で辞めるつもり」で転職したというが、それから30年の永続勤務、「なぜか性に合った」という。

小林工場内部。従業員が顕微鏡をのぞいて黙々と品質チェックをする

後藤さんの仕事は、顕微鏡双眼検査で部品の品質確認を行うもの。電子部品や自動車部品など大手企業が製造する部品の品質検査を請け負っている。朝から夕方まで顕微鏡に向かい一意専心、品質をチェックする。集中力と忍耐力が求められる仕事だ。

ひとり黙々と顕微鏡をのぞき込むこと10年、転機が訪れた。リーダー1級に昇格し、上司と従業員の連絡役、後輩の育成、そして顧客との連絡窓口を担うことになった。ここで難題を任されることになる。

新規の仕事が入り、どのような検査を行うか、ゼロから設計するプロジェクトのリーダーとなったのだ。従来の仕事は、部品の検査をマニュアルに沿って行うことが求められた。新プロジェクトでは、そのマニュアル自体を顧客と協議を重ねたうえで、新たにつくり上げなくてはいけない。

途方にくれ、次第に追い込まれていった。社内に相談できる人も見当たらず、後藤さんが相談したのは、発注先である顧客企業で品質保証を担当する女性管理職だった。常日頃厳しい姿勢の人だったが、意を決して訪ねたところ、思いがけず温かく迎えられた。真剣な表情をみてとるや、親身になって検査プロセスを検証してくれた。

「こうしたプロセスで検査したのですが、うまくいかないのです」

「それなら、こんなパターンもありますよ」

やり取りを重ねて、助言を受けながら検査工程をつくり上げていった。さらには、会議や交渉の場面での意見の述べ方まで指導をしてもらった。

「困っていることがあれば、言わないとダメ」

口ごもる後藤さんの背中を何度も押してくれた。

無事に新プロジェクトが離陸したあとも、何かと気にかけてくれる。つい最近も所用で

「ご無沙汰しています」と電話をしたところ「何かあったらいつでも話を聞くよ」と声をかけてくれたという。

指導者やメンターが社内にいるとは限らない。思い切って社外に飛び出してドアを叩いてみる方法もある。後藤さんの場合、真摯に仕事に取り組もうとする姿が、取引先の女性管理職の心を動かしたのだろう。

不良品続出問題を丁寧な対話で解決

取引先のひと言で肝を冷やし、目が覚めたこともあった。

２０００年代に入り取引先の生産量が増加して検品数が増え、品質検査を行う従業員も膨らんでいたときのこと。後藤さんの部下も30人以上に増え、検査に不慣れな人も出てきて、目が行き届かなくなっていた。これに伴い、あってはならない不良品が流出することになる。

毎晩遅くまで残業が続き、休みの日にまで電話がかかってくる。「不具合があった」と言われるや、対応のために日曜日でも工場に駆け付けた。

「もう私には、これ以上できない」。心のうちで悲鳴を上げていた。そんなある日、取引先の本部長が乗り込んできた。不良品の流出が続くことに業を煮やしたのだ。

「君はしっかり指導をしているのか」

こう叱責された。これに続いた言葉に息をのんだ。

「前任者から、後藤さんはすごく仕事ができる人だと聞いていた。なのに、どうしてこうしたことになるのか」

前任者が仕事ぶりをそこまで評価してくれていたことを、このとき初めて知った。

期待に応えられなかったという無念さがこみあげてきた。「これ以上できない」、などと弱音を吐いている場合ではない、指導の手を打とうと動き始めた。部下一人ひとりと面談して「いまのあなたはここまでできている。次はこの段階まで頑張ってほしい」と丁寧な対話を繰り返した。作業者のスキルの向上に伴い、次第に不良品の率は低下していった。

介護休暇中に肌で感じた両立支援の大切さ

えびの電子工業が掲げる「仕事と生活の両立応援宣言書」の第一条には、次の文言がある。

「働きながら、趣味・学業・不妊治療・子育て・介護・闘病を頑張る仲間を応援します」

両立支援の事由として、子育て・介護・闘病の前に「趣味・学業・不妊治療」が述べられるあたりがユニークだ。つまり、すべての従業員の私生活を尊重するということだろう。同社は、正社員と非正規であるパート社員をライフステージに合わせて何度でも行き来できる制度を設けている。子育てや介護のために一時期パート社員になる場合などを想定しているという。

後藤さんも期せずして、介護と仕事の両立のために制度に助けられることになった。同居する父親が倒れて施設に入所するまでの間、在宅介護を続けた。母親が介護疲れから疲労骨折をして、両親ともに介護の必要が出てきた。父親が倒れたときは2週間ほど介護休暇をとり、その後も病院の付き添いなどで度々休みを取らざるを得ない期間が1年半ほど続いた。

父親が入所する施設の職員からは「そんなに休んで大丈夫なのですか」と心配されるほどだったが、制度のおかげで乗り切れた。両立支援の重要性を肌で感じるとともに、後進育成の課題も浮かんできたという。

介護中の後藤さんの業務を引き継いだのは、30代の子育て中の女性社員。仕事を任せたことで、取引先との交渉に不慣れなことがみえてきた。

「(品質検査をする) 製品がもうないんですよね」

電話口で取引先にこう告げたあと、あとの言葉が続かない。品質検査を間に合わせるためには、いつまでに、どのくらいの分量を送ってもらう必要がある、こうした交渉事を柔らかな口調で進めるには、もう少し経験を重ねる必要があることが分かった。

介護休暇をきっかけに、再び部下と丁寧にコミュニケーションを取るようになった。しかし、以前の個人面談とは進め方が違う。2019年ごろから本格化した人事制度改革により、大きなツールを手にしたのだ。

ひとつは、「成長チェック」と呼ばれる育成ツール。一般社員と管理職に分かれており、一般社員は正確性や考察力といった「個人技能適性」や、組織貢献や積極性といった「集団適性」で計10の項目が並ぶ。特徴は、採点重視の減点方式ではなく、育成重視の加点方式であることだ。このシートをもとに、部下の現在地を示して、次のステップへの成長を促すことができる。管理職の「成長チェック」シートでは「何ができれば、どんな役職になれるのか」ひと目で分かる仕組みとなっている。

もうひとつ、後藤さんが手にしたツールは、管理職向けコミュニケーション研修で学んだコーチングの手法。研修を受けるまでは、部下に対して次のステップを示して、会社からの要請を伝えてきたが、それでは効果が薄いと知った。研修を受けてからは、会社主体から社員主体へと目線を転換、「部下に考えてもらい、答えを引き出す」対話へと変えた。すると部下のほうから、自身の家庭環境や病気のことなどを話してくれるようになり、それをみなに共有していいかを確認したうえでオープンにすることで、職場の協力体制を早めに組めるようになったという。

かつては会社説明会に訪問者ゼロ

成長チェックシート、管理職向けコーチング研修、ライフステージに合わせた柔軟な雇用体系などが評価され、前述のとおり同社は厚生労働省のアワードで大賞を受賞した。

人事改革を率いたのが、２０２１年に創業者である父から後を託された津曲慎哉社長(44)。きっかけは、専務時代に開いた会社説明会に誰ひとり来なかったことだった。ハローワークに求人を出してもひとりの応募もない。パート社員の女性に正社員になることをもちかけたところ「割に合わない」と断られたことにもショックを受けた。

同社は大手企業の部品製造・品質管理の下請けメーカー。「自慢できるブランドがないから」とつぶやいたところで、考えた。ならば「自社ブランドは『優秀な社員です』と言えるようになればいい」と発想を切り替えたのだ。こうしたブランドセンスは、社外の修業で得た「外の目線」から生まれたものだろう。豪州でのワーキングホリデー、星野リゾート勤務などさまざまな経験を積んだのち、29歳のとき子会社に呼び戻された。父の時代に従業員を大切にする環境が整っていたものの、これがいまの時代に合ったものか違和感を覚える。社内で耳を傾けたところ、課題が浮かんできた。長時間働ける人が評価される、管理職は自ら残業しながら業績を上げる、女性は扶養の枠内で働く、といった古い価値観が根強く残っていた。高度成長期の人材管理モデルをひきずっていたのだ。

少子高齢化が進むなか、こうした働き方はもはや通用しない。まず打ち出したのが、有給100％取得宣言。管理職に昇進するには、残業は月30時間以下、有給休暇取得年10日以上を必須条件とした。管理職は私生活を犠牲にして働くものという価値観を覆そうというものだ。取り組みを始めて、男性の残業時間はおよそ7割も減った。津曲社長の試算によると、人事改革により生産性は10％以上向上したという。

2019年には自らも第3子誕生に伴い、2週間の男性育休を取得した。「誰でも大事なライフイベントのときには休暇を取れる」というメッセージの発信でもあった。いまでは全社で男性育休取得100％を達成している。

社員に占める女性割合は3分の2に達する。先進的な人事制度により、パートタイム従業員から正社員に転換する女性も増えてきた。それでもいまなお女性活躍の環境づくりは「発展途上だ」と津曲社長は言う。6つある工場の工場長は全員男性で、女性管理職は管理部門に偏る。いまだ「女性の不安も残っている」という。

女性の不安とは、いったい何か――。女性は家事・育児を一手に担うという暗黙のルールに縛られ「扶養枠」内で働くことを望む人も少なくなく、正社員になることに尻込みしがちだ。ましてや管理職となるとハードルが高い。自己評価では謙虚に申請しがちで、それを管理職が真に受けると「私は評価されていない」と考えてしまう人もいるという。一歩踏み出して責任を負うことに、いまなお不安が残るのだ。

女性社員の不安を取り除くのは、管理職の役割でもある。後藤さんもまた、女性部下に対して「できるからトライしてほしい」と成長チェックシートをもとに背中を押している。さらに今後職場で手掛けたいのは、「社員と家族みんなが健康でいられるお手伝い」だという。第一種衛生管理者免許をもち、健康診断の手配からヨガ教室の企画まで手掛けてきた。さらには、育児や介護に携わる社員サークル立ち上げも考えている。介護経験を経て、後藤さん自身もひと回り大きくなったようだ。

後藤浩子 さん(59)

プロフィール

1965年宮崎県小林市生まれ。1983年に宮崎県立小林商業高校を卒業後、イトーヨーカ堂に入社。1994年にえびの電子工業に入社、2015年第一種衛生管理者免許を取得、小林工場の衛生管理者となる。2024年より部門責任者。同居家族は、両親(父は介護施設に入居中)。趣味は野球観戦。福岡ソフトバンクホークスのファンで宮崎キャンプには駆けつける。

小林工場の前で、津曲社長(右)と後藤さん

えびの電子工業

- 本社:宮崎県えびの市
- 創業:1975年
- 従業員数:586人(正社員473人、パート従業員113人)
- 女性社員割合は約3分の2(女性管理職30.6%)
- 事業内容:大手企業の協力企業として、電子部品や自動車部品などの製造、品質検査を手掛ける。省力化機器、ソフトウエアの開発も行う。宮崎県に5工場、鹿児島県に1工場を構える。

COLUMN 3

地方の女性リーダーに学ぶ能動的なキャリア形成

ここからは11人がどのような「一皮むけた経験」を経て、いまに至ったのかをみていきたい。「はじめに」で述べたとおり、筆者はこの10年近く、女性リーダーの「一皮むけた経験」のヒヤリング調査を続けている。今回も第1章から第3章に登場した地方企業の女性幹部に、自身にとって「飛躍的な成長につながった経験」は何か、そこから「何を学んだのか」についての聞き取りを行った。

先行研究では、金井壽宏神戸大名誉教授が関西経済連合会（関経連）とともに経営幹部となった男性の「一皮むけた経験」を分析している。ここでの男性役員の調査と、大手企業の女性役員の「一皮むけた経験」を比較したところ、男女で大きな差がないと分かった。女性も男性と同様に「一皮むけた経験」をする機会を得られれば、成長し、役職者にふさわしい力をつけることができることを見出した。

ここからは、筆者が先に行った女性役員の調査と、今回の地方女性幹部の聞き取りを比較し、特長を明らかにしていきたい。

「他流試合」で経験の幅を広げる

地方企業の女性幹部と、大手企業の女性役員の「一皮むけた経験」には何か違いがあるのか。まずは両者の異なる点に注目したい。**図表3―1**をみて分かるとおり、大手企業では社内の「異動・配属」が成長につながったとする人が16％いるのに対し、地方の中小企業の女性幹部では、同項目をあげる人はその半分の８％にとどまる。

一方、地方企業では「社外研修、社外ネットワーク」をあげる人が大手企業よりも多く16％いる。地方の中小企業では会社の外での「他流試合」が成長につながったとする人が多いのだ。青森の小坂工務店の大坂さんは、高知で「大人の武者修行」プログラムに参加し目を見開いた。兵庫のワタキ自動車の岡本さんは、千葉で行われた１週間の研修に参加し、自身の接客スタイルに自信をもつことができた。

大手企業では異動に伴い、仕事内容も人間関係も、ときには勤務地までガラリと変わる経験をすることがある。こうした機会の限られる中小企業では、社外の経験が視野を広げ、自身の立ち位置を見つめ直す機会になるようだ。

会社の枠を越えた社外ネットワークは成長の支えになる。他社の仲間とつながることで、悩みごとを相談することもあれば、昇進にあたって背中を押してもらうこともある。中小企

図表3－1　地方企業の女性幹部と大手企業女性役員の「一皮むけた経験」比較

一皮むけた経験（注1）	地方企業の女性幹部（注2）	大手企業の女性役員（注3）
入社初期の配属	13%	13%
初めての管理職	11%	2%
プロジェクトへの参画（ゼロからの立ち上げ含む）	19%	16%
悲惨な部門・業務の事態改善・再構築	5%	9%
昇格・昇進による権限拡大	14%	16%
社外研修、社外ネットワーク	16%	2%
その他（うち、異動・配属）	16%（8%）	29%（16%）
ライフイベントの仕事への影響	8%	11%

（注1）経験の分類は、関経連の調査項目に沿う。女性役員、地方の女性幹部の回答で0もしくは1の項目は省いた。男性幹部との違いとして表れた、女性役員の「ライフイベントの仕事への影響」、地方企業の女性幹部の「社外研修、社外ネットワーク」を項目として追加した
（注2）地方企業の女性幹部11人から「38」の一皮むけた経験を抽出、全体の割合で示した
（注3）大手企業の女性役員10人から「45」の一皮むけた経験を抽出、全体の割合で示した

業では人的リソースも限られる。そこで信頼できる社外ネットワークをもつことが、大手企業以上に重要だといえそうだ。

大手企業と地方企業、「一皮むけた経験」には共通項が多い

大企業の女性役員と、地方企業の女性幹部の「一皮むけた経験」には、共通項が多い。差異として挙げた「異動・配属」と「社外経験」を除くと、女性幹部の一皮むけた経験は組織の大小を問わず共通するといえる。

「プロジェクトへの参画」でいうと、女性服ブランドの立ち上げを手掛けた群言堂の柳澤さん、保育所の新設を手掛けた岡山スイキュウの松原さんは、ゼロからの立ち上げを経験した。「昇進、昇格による権限拡大」が成長につながることも、規模の大小を問わない。

人が成長するためには、「コンフォートゾーン」を抜け出して「ラーニングゾーン」に達する必要がある。これは米ミシガン大学のノエル・ティシー教授が提唱した概念である。コンフォートゾーン――成果をあげやすい手慣れた仕事の領域にとどまりたくなるものだが、ここから抜け出さないと成長は望めない。これまでの経験則を超えた仕事にストレッチしながら挑戦するラーニングゾーンに入ることで、人は初めて成長する。プロジェクトへの参画、昇進・昇格は、まさにコンフォートゾーンから出る経験である。これが成長につながることは、組織の規模の大小問わず、また男女問わず共通している。

子育てとの両立に苦悩した経験も、成長につなげる

今回登場した11人のうち子どものいる女性管理職は5人、うち3人は子どもが1人であった。11人のプロフィール一覧は、**図表3—2**をご覧いただきたい。サンプル数が少ないため全体傾向を語ることはできないが、子どものいる女性管理職が少ない背景には、子育てしながらのキャリアアップは地域を問わず、まだまだむずかしい現状があると考えられる。

労働経済学が専門の早稲田大学大湾秀雄教授が、ある企業の人事データをもとに仕事の責任の重さを表す「役職等級」を分析したところ、明らかな男女差がみられた。その要因の半分近くは「既婚女性、あるいは未就学児のいる女性」で説明できるという。結婚・出産により明らかに軽い役割が与えられるのだ。地方の管理職女性で子どもをもつ人が少ない背景にもまた、こうした「既婚・チャイルドペナルティ」があるのではないか。

ただし、子育て経験がキャリアにプラスに働き「一皮むけた経験」につながる場合もある。前田産業ホテルズの山田さんの場合、3人の子どもを育てるなかで「妻でもない、母でもな

図表3－2　調査企業ならびに女性幹部一覧

調査企業			女性幹部			
主業務	所在地	従業員数	所属・管轄部署	肩書	年齢	同居家族
観光ホテル	沖縄県	333人	財務管理部	次長	50	夫と子ども1人（子ども2人は独立）
ケーブルテレビ	秋田県	115人	経営全般	常務取締役	51	－
自動車修理、販売	兵庫県	25人	経営全般	専務取締役	50	両親（子ども2人は独立）
工務店、住宅販売	青森県	58人	総務部	課長	37	夫
染色メーカー	群馬県	94人	経営全般	監査役	62	夫、母
油脂メーカー	茨城県	117人	研究開発部、品質管理部	マネージャー	44	両親、子ども1人（夫は単身赴任）
運送会社	岡山県	568人	経営管理本部、総務部	次長	51	夫、子ども1人
印刷会社	愛媛県	82人	営業部門	部長	40	夫
アパレル	島根県	230人	ものづくり事業部	部長	48	夫、子ども1人
建設コンサルティング	北海道	236人	技術部	次長	51	夫
電子部品品質検査	宮崎県	586人	工場	部門責任者	59	両親

（注）従業員数は正社員、非正規社員含む。肩書、年齢は2024年10月時点

い」、社会のなかでひとりの人間としての居場所が欲しいとヒリヒリするような思いを抱いたことが、キャリアの起点となった。岡山スイキュウの松原さんの場合も、子育てと仕事の両立に悩み社外に学びの場を求めたことが、その後のキャリアにつながった。子育ては、自分にとっての仕事の意義を問い直す契機となり得る。こうした育児・介護による成長経験を、**図表3―1**では「ライフイベントの仕事への影響」に分類した。これは大手企業の女性役員にも、地方企業の女性幹部にも共通してみられた「一皮むけた経験」である。

ピンチをチャンスに変える

「一皮むけた経験」のなかで割合は少ないものの「悲惨な経験」を経て大きく成長した、つまりピンチをチャンスに変えた人がいることに着目したい。

朝倉染布の大塚さんは、入社25年目のある日、上司である課長が突然出社できなくなり、引継ぎのないまま財務を一手に引き受け、必死で乗り切った。その翌年、課長に昇進した。

えびの電子工業の後藤さんは、生産量が急増した折に品質管理を担う人材の育成が間に合わず、不良品を流出させてしまった。ある日、取引先の本部長が乗り込んできた。「君は優秀な人だと聞いていたのに」という言葉に目が覚め、体制立て直しに乗り出した。

ピンチを迎えたときに、いかに向き合うか。そこから何を学ぶかでキャリアは大きく変わってくる。失敗や挫折などマイナス経験を糧にすることができるかどうか。キャリアを豊かに膨らませるには、ピンチをチャンスに変える力が必要なのだ。

地方での能動的なキャリア形成3つのポイント

第1章から第3章に登場した11人の歩みを通してみたところ、こんな言葉が浮かんできた。

「棚ぼたキャリアはない」

座して待っているだけで、「棚からぼたもち」のようにチャンスが転がり込んだという人はひとりもいない。企業との出合い、仕事を覚える初期キャリア、一段上の仕事に挑戦する成長期まで、みな自らチャンスをたぐり寄せている。ここでは、11人からみえてくる地方での能動的なキャリア形成3つのポイントを挙げたい。

①自らドアをノックして扉を開ける

どのようにして、11人の女性が地方企業に出合ったのか。その出発点にも、能動的キャリアのヒントが詰まっている。大手企業なら知名度も応募動機のひとつとなるが、地方の中小企業は、キラリと光る強みをもっていても、認知度の低さから応募者にその名が届かないことも多い。

希望する企業に自ら電話をして、面接にこぎつけた人が11人中2人。ハローワークでもらった工業団地の企業リストを手に、一社一社電話をかけたのは横関油脂工業の尾花さん、どれほど勇気がいることだっただろう。また非正規から正規雇用に転じた経験のある人が5人。パート社員や派遣社員として採用されたのち、正社員に登用された人もいる。自らドアをノックして、チャンスの扉を開ける。最初の一歩は処遇にこだわらずに、まずはドアの内側に入ることから道を拓いていったのだ。

②ジェンダーバイアスを打ち破る

ジェンダーバイアス――女性／男性はこうあるべきという刷り込み・偏見の強い地域では、「女性は補佐的な事務職」「家事・育児は女性の仕事」といった性別役割分業が根強く残る。女性自身が「内なる壁」を抱えることもあれば、職場や親族に厳然とした男女の「壁」が築かれていることもある。

秋田ケーブルテレビの飯塚さんが、同社に転職して知ったのは、まさに「内なる壁」だった。求人情報を得て面接を受けたところ、「営業の仕事」と告げられてびっくり。さらに、他社からの転職組の女性の先輩たちが、談論風発《だんろんふうはつ》しながら新しい組織をつくり上げていることに、二度驚いた。

ワタキ自動車の岡本さんの場合は、職場の男女の「壁」を破るのに奮闘した。車の整備は男の仕事、事務は女の仕事という壁は大きく「女に車のことは分からないだろう」という言葉に阻まれながらも、あきらめずに「教えてください」と食い下がった。

前田産業ホテルズの山田さんは、「嫁の役割」を求める親戚から「そこまでして仕事をしたいのか」という批判を浴びた。幸い夫の理解とサポートは得られたが、何よりも批判に負けないエネルギーとなったのは、「仕事をして自立したい」という本人の強い思いだった。

ジェンダーバイアスは、男性中心社会で長年生きてきた中高年に根強く残るばかりか、若手の女性社員のなかにもある。まずは自身を無意識のうちに縛るジェンダーバイアスは何か、知識を身に付けその正体を知ること。職場に男女で職種やタスクを分けるような性別職域分離があるとしたら、自ら動いて枠を超えていきたい。固定的な性別役割分業に根差した周りの期待に応えようとするのではなく、自分自身がどんな価値観を大切にして、どんな生き方をしたいか、心の声を聞くことも大切だ。

③地域の成長を、自身の成長につなげる

本書に登場した女性幹部らは、ヒヤリング中に度々「この業界で女性がもっと活躍するように」「地域全体が元気になるために」という言葉を口にした。肩書がついてからは自治体の男女共同参画委員会の委員となったり、同業種ネットワークの委員として汗をかいたりと、後輩のエンパワメントに力を尽くす。自身が働く業界の成長、また地域の成長に貢献しようとする姿勢があるのだ。

自身の成長が会社の成長につながり、ひいては地域経済や業界の発展にもつながる。そうした視点をもつことが、リーダーとしてさらなる成長につながっていく。11人のキャリアストーリーからは、そうした正のスパイラルが浮かんでくる。

第4章

女性の活躍なくして成長なし
——経営者はこう動いた

地方創生の掛け声のなか、地方に大手企業を誘致して、雇用を創出しようという提言がときに語られる。しかし、地方の経営者にとっては、いつ来るとも分からないチャンスを口を開けて待っている余裕などない。現状の人的資源を生かしながら成長を続けることで、自社ならびに地域経済の発展を目指している。人的資源のなかで大きな潜在力を秘めているのが、間違いなく女性人材だ。ここでは、第1章から第3章に登場した社長たちの人材戦略に学びながら、女性の力を生かす環境づくり、ジェンダー平等な職場づくりをみていきたい。

女性の力を生かす職場づくり6つのステップ

女性活躍を進めるといっても、どこから始めたらいいのか分からない。こんな悩みに答えるべく、中小企業の取り組みステップ例を、成果を上げる事例をもとに**図表4―1**にまとめてみた。

たとえば、第3章に登場した北海道帯広市のズコーシャをみてみよう。優秀な社員が子育てと仕事の両立に悩み退職したのを機に、経営陣の間に危機感が高まった。社長と子育て社員との昼食会を開いて聞き取りを行い（定性調査）、プロジェクトチームを立ち上げた。こ

図表4－1　女性活躍推進プロジェクトの進め方

STEP0	**プロジェクトチーム（委員会）立ち上げ**
STEP1	**自社の課題を把握する** （定性調査）本音座談会、社員対話集会、社長と社員のランチ会など （定量調査）社内アンケート調査など
STEP2	**定性・定量調査をもとに、課題を分析。優先事項を検討**
STEP3	**目標を設定し、取り組み計画を立てる（1年、3年、5年など）**
STEP4	**取り組み計画を実行に移す** ☑経営トップからのメッセージ発信（継続的に） ☑職場で小さな成功体験を積み重ね、成果を共有する ☑社員自ら動くよう促す。ランチ会、サークル活動など
STEP5	**取り組みが継続するよう「仕組み化」する** →階層ごとの研修制度の導入、社員の「対話」の場設定など
STEP6	**国や自治体のアワード、認定に挑戦** →外部評価で自信をつける。さらなる意識改革を図る

筆者作成

のとき、技術部門の小森利通氏が総務部長に異動して、長時間労働の解決策を探り、取り組み計画を立てた。現場をよく知る技術部門の出身者がプロジェクトを率いたことが、推進力となった。働き方改革が成功して全国区で知られるようになったことは、第3章で紹介したとおりだ。

プロジェクトを進めるにあたり、ステップ1で「自社の課題を把握する」ことが重要だ。社員の声を聞き取る「定性調査」と、アンケート調査など「定量調査」、この2つを並行して行うといい。「定性調査」では、社員の本音座談会、経営者と社員のランチ会や対話の会など、生の声を吸い上げて課題を抽出する。さらに社内アンケートなど「定量調査」を行い、数値で課題を「見える化」していく。この2つの作業を一度ならず重ねていく。

社内のアンケート調査をごく簡単に行うなら、簡易版としては内閣府の「職場のジェンダーギャップチェックシート～試作版～」[*1]を活用する方法もある。「営業・外回り・渉外関連部署等は主に男性が担っている」「研修や能力開発の機会は、主に男性に与えられている」など計17項目からなる。もしも回答者の人数が多ければ、これを男女別、年代別、管理職か否かでクロス分析するといいだろう。職場のどこにジェンダーギャップがあるか、その現状認識について、経営者と従業員、また性別、年代別など属性によって違いがあるかをざっくりと把握することができるはずだ。

さらに女性管理職比率、部門別女性割合など現状をデータで把握して、男女差があるとしたら背景にあるものを探っていく（**図表4―2**）。職場のすべてのデータを男女別に集計する「ジェンダー統計」をもとに、男女差を可視化する。女性の管理職が少ない、男性のほうが残業が多いなど、何となく分かっていることを、データをもって実態を「見える化」して全社で課題を共有することが大事なのだ。さらにここから一歩進んで、その背景にあるジェンダーバイアスや課題を掘り下げていく。

図表4－2　職場の「ジェンダー統計」の要因分析

①意思決定層の格差
DATA　女性役員・女性管理職比率、管理職予備軍の男女比など
→男女同じく育成しているか？　評価にジェンダーバイアスが働いていないか？

②性別役割分業
DATA　製造・営業・管理など部署ごとの女性比率、タスクの男女差など
→男性役割、女性役割の固定化はないか。「ガラスの壁」はなぜ生じる？

③男女の機会の格差
DATA　研修・異動・転勤の女性割合、男性の育休・短時間勤務率など
→女性の能力開発の機会、男性のケアする権利が守られているか？

④働き方の柔軟性
DATA　会議の時間帯、柔軟な働き方の導入・男女別の利用率など
→なぜ、長時間労働になるのか。柔軟な働き方を阻むものは何か？

筆者作成

データの男女差の背景には、数値に表れない課題が潜んでいる。第一に「育成」における男女差だ。たとえば上司が「週末土曜日にイベントのある仕事は子育て中の女性には頼めない」「責任の重い仕事は、男性に任せたほうがいい」といった意識をもっていると、男女で任せられる仕事が異なり、経験値の差が広がってしまう。上司は男性部下と同様に女性部下に対しても、期待して、機会を与え、鍛える「3K」が大切だといわれている。男性と同じく女性にも、成長につながる仕事を任せることが育成の要諦といっていい。

第二に男女で差が開くのが「評価」の場面だ。いまなお多くの男性管理職に刷り込まれているのが「扶養家族を抱える男性を先に昇

進させたほうがいい」「長時間労働で頑張っている男性部下を評価しよう」といった昭和な価値観だ。評価は、本人のモチベーションにもつながるし、当然ながら昇進・昇格にも影響する。管理職のジェンダーバイアスを取り除く研修（近年ではアンコンシャスバイアス研修という講座名が多い）や、公平な評価を行うための評価者研修が必要だろう。評価基準を明確にする、時間制限のある社員にも不利にならない評価軸とするなど評価制度の見直しも重要だ。

「育成」と「評価」は、「採用」や「（管理職）登用」と異なり、結果を数値化できない。それだけに、見えないところで男女格差が生じてしまいがちだ。職場のジェンダーギャップの背景に、育成、評価によるバイアスがないか、丁寧に分析して対策を講じることが求められる。

「意思決定層の男女格差」や「性別役割分業」など各項目の対処策やポイントについては本章後半でみていきたい。

経営戦略と人材戦略、ストーリーをもって女性活躍を進める

ジェンダー平等な職場づくりは、5年後、10年後を見据えた中長期の取り組みが求められる。従来の働き方を変えていくにあたり、数年といった短期でみると、いったんは生産性が低下する可能性もある。そのときに、経営トップが「中長期でみれば必ず成果が上がるので取り組みを続けていく」という揺るぎないメッセージを発信し続ける必要がある。

そのうえで欠かせないのが、経営戦略と人材戦略をからめた、我が社ならではの「ストーリー」を描くことだ。その起点となるのが、「なぜ我が社に女性活躍が必要なのか」という「ＷＨＹ？」を、経営トップが明快に、かつ繰り返し社員に説くことだ。「ＷＨＹ？」を社内で共有したうえで、現状分析を踏まえて何を課題と設定するか（ＷＨＡＴ）、それをどのように解決するのか（ＨＯＷ）と進めていく。

ＷＨＹ→ＷＨＡＴ→ＨＯＷという順で社内に浸透させていくわけだが、実際に多くみられる失敗例が、他社の好事例の施策を導入する「ＨＯＷ」から始めてしまうケースだ。自社にとっての意義を共有することなく、また現状分析をすることなく施策だけを導入してもなかなかうまくいかない。「ＷＨＹ？」が社員の間で共有されていないと、「女性だけが優遇されている」「女性に下駄をはかせるのか」という不満の声が上がりがちだ。「なぜ我が社にとって女性活躍が必要なのか」、業界内での自社の立ち位置と成長戦略をからめて、経営トップから発信する必要があるのだ。

第2章に登場した佐川印刷の佐川社長の語るストーリーは明解だ。これからは人口動態を考えても男性中心の職場では成長を遂げられない。かつての請負型の紙印刷業では長時間労働となりがちで、職場の構造改革はむずかしい。高い技術を備えた高付加価値の印刷物を手掛け、さらにはマルチメディアの媒体を組み合わせた「コミュニケーションの設計」を提案することで、収益性の高いビジネスモデルへ転換する。これが男女問わず、すべての人が活躍できる職場づくりの土台となる。

経営戦略と人材戦略をからめて、ストンと腹落ちするようなストーリーを経営トップが語り続けることで、社員の納得感も高まる。女性活躍、働き方改革を進めて成果が上がれば、社外からの評価につながる。本書で紹介した11社のなかには、経済産業省の「ダイバーシティ経営企業100選」(2012年度~2020年度)に選ばれたり、都道府県のダイバーシティ推進企業の認定を受けたりしたことで、認知度が上がり、採用にプラスになったとするところが多い。

外部から評価されることで、社員は「うちの会社はすごいんだ」と自信と誇りをもつようになり、それにより社内変革が加速していくのだ。

ジェンダー平等な職場を実現するポイント

すべての人にとっての「働きやすさ」を追求する

これまで登場した企業は、実に柔軟な両立支援策を用意している。「働きやすい」制度は、性別、事由を問わず、すべての従業員を対象とすることが、組織に浸透させるうえで大きなポイントとなる。子育て中の女性社員のみならず、たとえば社会人大学に通う社員にとっても、親の介護に直面する中高年の社員にとっても、両立支援策が求められるのだ。

宮崎県のえびの電子工業が、ユニークな両立応援宣言を出していることは先述したとおり。「働きながら、趣味・学業・不妊治療・子育て・介護・闘病を頑張る仲間を応援します」というものだ。

同社の津曲社長がこの宣言を出すまでには、紆余曲折があった。さまざまな両立支援策を整えるも、社員から度々上がったのが「ずるい」という声だった。残業がまったくないパート社員に対しては「パートさんだけずるい」。育児休業をとった津曲さんに対しては「社長の息子だからずるい」。両立支援策を使いやすい人、使いにくい人がいるという不公平感を抱いていたのだ。これに対して津曲社長は、性別、雇用形態にかかわらず、また育児、介護など事由を問わず、両立支援策はどんな人でも使えるものだと説いていった。

えびの電子工業、また愛媛の佐川印刷では、男性育休100％取得を実現していることからも、両立支援策が浸透していることがうかがえる。

男性の育休取得率は、いま政府がいうところの「共働き共育て」を進めるうえでのひとつの指標となる。女性活躍推進といっても、女性はすでに仕事に家事・育児とダブルワーク、トリプルワークでフル稼働しており「これ以上頑張れません」という声が上がる。家庭のケアを男性とシェアしないことには、女性が職場でより重い責任を担うことはむずかしい。一方の男性の側からしても、育児を担いたいし、介護の時間も確保したいところだろう。女性の「働く権利」と同様、男性の「ケアする権利」を守る必要もあるのだ。

「働きやすさ」と「働きがい」を追求するプラチナ企業に

「働きやすさ」と「働きがい」――。

女性活躍を進めるためには、この2つが両輪として欠かせない。言葉をかえるなら、働きやすさは「仕事と私生活の両立支援」、働きがいは「キャリア形成支援」といってもいい。

これを**図表4―3**にまとめてみた。「働きやすさ」に偏ると、ホワイト企業ではあるものの、

図表4−3　女性活躍推進は「両立支援」と「キャリア形成支援」の両輪で進める

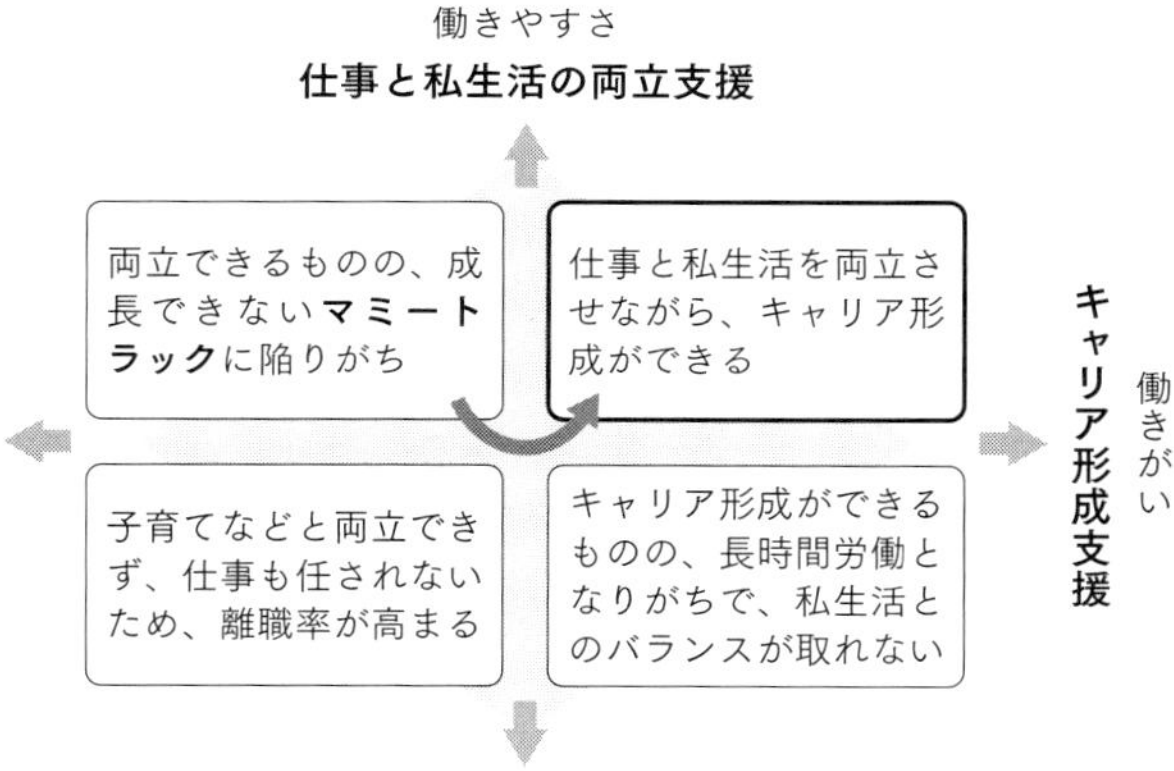
働きやすさ
仕事と私生活の両立支援
両立できるものの、成長できないマミートラックに陥りがち
仕事と私生活を両立させながら、キャリア形成ができる
子育てなどと両立できず、仕事も任されないため、離職率が高まる
キャリア形成ができるものの、長時間労働となりがちで、私生活とのバランスが取れない
キャリア形成支援
働きがい

筆者作成

キャリア形成に遅れをとる人が出てくる（左上）。一方「働きがい」のみだと長時間労働となりがちで私生活との両立はおぼつかない（右下）。「働きやすさ」×「働きがい」を兼ね備えた職場にすることで、私生活と両立しながら、キャリアをあきらめることなく追求することができる（右上）。日本経済新聞（2024年4月3日付け）では、これを「プラチナ企業」と名付けている。

一般的に女性社員の活躍を進めようとする場合、多くの企業は「子育て中の女性が仕事を続けられるように」と、「働きやすさ」から着手する。子育て中の女性の両立支援にまずは力を入れるのだ。秋田市の令和3年度「女性活躍推進企業実態調査」をみると、女性管理職登用に向けての取り組みとして最も多いのが「女性従業員の継続就業」6割超、続いて「ワークライフバランスの推進」で5割弱。ここでも「働きやすさ」への偏りがみてとれる。しかしこれでは、子育てとの両立はできるもののステップアップは望めない、いわゆるマミートラックから抜け出せない女性社員が徐々に増えてしまう。

ホワイト企業を目指してから、第二段階としてプラチナ企業を目指すのでは、女性の育成は追い付かない。働きやすさと働きがいの実現に向けて、はじめから両輪を同時に回してプラチナ企業を目指さないと、男女差はなかなか縮まらないのだ。

女性ならではの職域、「ガラスの壁」を破る

女性が昇進するにあたり、目に見えない「ガラスの天井」に阻まれることは知られているが、その前に女性ならではの職種に限定されがちという職域の「ガラスの壁」がある。

男女で就く仕事が異なることは、社会学や経済学の領域では「性別職域分離」と呼ばれている。この要因は2つあると、学習院大学の麦山亮太准教授は指摘する。[*2] 1つは、仕事に就くにあたり男性は「男性的」、女性は「女性的」と刷り込まれてきた仕事を選ぶことだ。た

とえば、機械の操作や肉体労働、人との交渉などは「男性的」で、人の世話をしたり細かな作業をしたりするのは「女性的」と考えられることが、いまでも少なくない。こうした「選好」は、親や学校など周囲の環境を受けて形成されるという。もう１つの要因は、雇う側が外回りの営業など「男性的」な仕事には男性を、社内での書類整理など「女性的」な仕事には女性を配置することによるものだ。こうした「性別職域分離」により、男女賃金格差の半分程度が説明される、と麦山准教授はいう。[*3]

本人の職業選択、そして雇用者側の採用・配置から、職域の「ガラスの壁」が生まれ、男女格差につながっていくのだ。まずは経営者が、「男性向き」「女性向き」というバイアス（無意識の刷り込み）を排すること、そして本人や職場のバイアスを破るために働きかけることが必要だろう。

参考になるのが、茨城の横関油脂工業の取り組みだ。全職場の仕事内容と求められるスキルを一覧にしたスキルマップ「作業習得表」を作成したところ、工場もほぼすべての作業を女性が担えることが分かった。女性の職域拡大を進めようとすると、社内の反対派から「女には無理だ」「女にできるはずがない」といった声があがりがちだが、求められるスキルの「見える化」が説得材料となる。

女性向き職種の刷り込みは、第1章から第3章の事例でも分かるように、女性自身の心の内にもある。内なる壁から抜け出すことを促すには、やや荒療治としては営業など他部門への配属がある。青森の小坂工務店のように、総務から住宅営業へ異動の辞令を出したところ、最初は涙ぐんでいた女性社員が、めざましい営業成績を上げた例もある。

もう少しソフトなアプローチで内なる壁を破るには、社外研修でもまれる機会をつくる方法もある。自治体が開く女性社員向けワークショップなどで自分の意見を述べたり、これまで触れたことのないパワーポイントを使って人前で発表したりすることで、少しずつ壁にヒビが入っていくようだ（第5章）。

女性が管理職になりたがらないのは「自信がない」ため

「私には無理です」「管理職にはなりたくありません」

女性社員のこうした台詞が、全国の企業経営者を悩ませる。本書に登場する経営者は、この難題にどう対処したのか。

女性が管理職になることを躊躇する理由として、まずワークライフバランスへの不安がある。管理職になると責任が重くなり、残業による業務のカバーも増えてくる。子育てとの両立はむずかしいと考えてしまう。

えびの電子工業の津曲社長は、管理職に登用するにあたり「残業月30時間以下、有給休暇年10日以上取得」を条件とした。「残業できないと昇進しない。長時間労働が前提の管理職にはなりたくない」という古い価値観を覆そうとしたのだ。これも功を奏して、女性管理職比率は5年で倍増したという。

管理職になるのをためらう、もう一つの大きな理由は自信のなさだ。女性の自己評価の低さは世界共通で、海外でもいくつかの実証研究がなされている。クリスティン・L・エクスリーとジャド・B・ケスラーの「自己PRにおけるジェンダー格差」では、計1万4000人を対象に「男性型タスク」という刷り込みのある数学と科学に関する試験結果について、男女で自己評価に大きな差があることが明らかにされた。[*4]「よい成績を収めた」という自己評価で、女性は同レベルの成績を収めた男性より13ポイントも低い回答をしたのだ。

この試験は、潜在的雇用者が、回答を用いて採用の是非、また給料の額を決めるという前提での調査であった。そこで、女性の自己評価の低さは就職の可能性を狭め、さらには収入を低く抑えることにつながると想定される。同調査では1万人以上の学齢期の若者も対象としており、自己評価の男女差は小学校6年生という早い時期に生じていると分かった。

筆者が先に行った調査分析でも、男女ともに「リーダーは男性向き」というジェンダーバイアスがあることが浮かんできた。管理職に就いている女性でもまた、「リーダーは男性向き」と考える傾向があった。女性にとっては「男性型タスク」と刷り込まれてきたリーダー職を引き受けることには、自信がもてない。その自信のなさが、管理職になってもなお続いている可能性がある。[*5]

女性を管理職に登用するには、二度も三度も背中を押す

「私にはできません」「私には無理です」という女性の自己肯定感の低さを覆していくには、小さな成功体験により、少しずつ自信をつけることが有効だ。そうした機会をつくるのは、経営者や管理職の責任である。

青森の小坂工務店の小坂社長は、社内の各種委員会の「委員長」職を、若手の女性に任せるようにしている。社内調整をしたり社員の意見をとりまとめたりするなかで、少しずつリーダーシップを身に付けていくという。「とにかく『長』を経験させることが大切」なのである。

第3章のコラムでみた通り、管理職に就く前のプロジェクトへの参画や、入社初期の配属で「一皮むけた」とする人も少なくない。成長を見守りながら少し負荷のかかる仕事を任せて、さらなる成長を促す。これは男女問わない育成法だ。これに加えて女性を管理職に引き上げるうえで、心がけたい点を2つ挙げておきたい。

1つはライフステージへの配慮だ。ケア責任は男女ともにあることは当然だが、残念ながら女性にケア責任が偏りがちという現状がある。兵庫のワタキ自動車の上田社長は、現在専務を務める岡本さんが、子育てから手が離れる頃合いを見守り、県外の宿泊研修に送り出した。さらには県の中小企業同友会や自動車青年会議所に連れ出した。ライフステージ、ワークステージ双方をみながら、成長の「場」への橋渡しをしてきたのだ。

もう1つのポイントは、男性に比べるとより一層「背中を押す」必要があることだ。ズコーシャの高橋社長は、部下の村山さんの仕事ぶりをみて、マネジメントに有効な技術士の資格取得をすすめ、本人が覚悟を決めて資格を取るのを待って引き上げた。

もしも女性が「管理職になりたくありません」と言ったとしても、その言葉を真に受けてはいけない。二度も三度も昇進をもちかけて、本人の背中を押す必要がある。とにかくバッターボックスに立たなければ、何も始まらないのだ。

会社を変え、地域を変える経営者の挑戦

ここからは、大卒女子の採用をきっかけに、業務改革の歯車を回し始めたという社長の事例、そして、自社の取り組みを地域全体に広げていった経営者の試みを紹介したい。

トップのコミットメントで昭和な文化を変える

事業改革と女性活躍を車の両輪として進め、経営難に陥っていた会社をV字回復させた経営者がいる。

大阪市にメッキ加工工場を構えるセンショー。父親の他界を受けて負債を抱えた会社を事業承継した堀内麻祐子社長（56）は、翌２０１１年に新体制を立ち上げ、２年半で12億円の債務を土地売却や債務免除などで解消した。新型コロナウイルス感染拡大の打撃も乗り越え、この12年で売上を3倍強に伸ばした。従業員は18人から70人に膨らみ、その３分の１を女性が占める。

「２０１４年に大卒女子を３人採用したことが転機になった」と堀内社長は語る。事業再生と女性活躍、その軌跡はヒントに満ちている。

社長からのメッセージが脳裏に焼き付く

「あなたの力が業界を変える」
「メッキ業界に新しい風を吹き込んでほしい」
初の大卒女性として入社した社員は、10年前に堀内社長が熱く語った言葉をいまでも鮮明に覚えている。

女性社員は学生時代に、大阪府が仲介するインターンシップ制度を使い、センショーで職場体験をした。会社のホームページを作ったり、事務所をきれいにしたりすると、年配の男性社員がほうっと感嘆の声を上げた。とはいえ、当時従業員は18人。社員として飛び込むにあたっては、堀内社長の言葉が決め手となった。

優しく柔らかな口調ながら、決意が込められたメッセージ。当時堀内社長は「昭和のオジサン文化すべてを変えなくては、会社の未来はない」と危機感を抱いていた。事務所にインターネットはつながっておらず、伝票は手書き。若い男性を採用しても、いつのまにか昭和な文化にのみ込まれてしまう。「組織風土、そして会社のイメージを変えるために、もの申す女性を入れよう」と心を決めた。「もの申す女性」というのが、ポイントだ。男性集団にのみ込まれてしまわない、どこか異分子である女性、かつ臆せず意見を申し述べる女性が、変化をもたらすのだろう。

当時、従業員は60代、70代の男性が半数以上。現場は「女子なんかいらない。工場で働く男子を採用してくれ」と猛反対だった。なかには「女の子やから、こんな仕事させたらかわいそう」という男性もいた。ところが、いざ迎えてみると先述のとおり、会社の空気が変わった。「女性がいるといいね」「女性がいると職場がきれいになるね」。年配社員らは昭和な価値観ながら新卒女性を歓迎し、孫のようにかわいがりながら仕事を教えるようになる。

工場現場や夜勤の壁をどう破るか

大卒女子の採用効果は、思いがけず広がっていく。取引先が新卒女子採用を聞きつけ、見学に来るようになった。新卒組の活躍をみて応募者が増え、翌年は10人の若者を採用することができた。社員の若返りにより、長期取引を求める顧客からの信頼も増し、新たな工場の立ち上げも実現した。いまでは従業員の9割を20代、30代の若手社員が占める。

採用に続く壁は、女性ならではの職掌をいかに広げるか、営業や工場への配属だ。社長が本人と向き合い「何をしたいか」を聞き取る面談を重ねた。総務、人事、品質管理、工場と希望はさまざまだった。

女性を工場に送り出すにあたっては、「(筋) 力がないなら、頭を使いなさい」と発破をかけた。これは堀内社長自身の経験からだ。事業承継をするまでは建築関係の仕事に就き、必要とあらば重い荷物も運んでいた。男性は「お嬢さん、できるものならやってごらん」と遠巻きに見ていたが、「頭を使って」乗り切った。

実際にセンショーでも、工場に配属された女性社員らは、男性社員が20キロほどの荷物を持ち上げて運ぶのを見て、現場で改善策を話し合った。その結果、足で踏むと持ち上がる台車を導入。女性が働きやすい職場は、男性にとっても働きやすい職場となった。

ただし、工場夜勤だけはまだ男性に限られる。社員からは男女ともに女性の夜勤に賛成という声が上がるが、男性管理職の間に抵抗感があるという。

最後の壁は、昭和の価値観をひきずる男性管理職

現在女性管理職は、課長3人。管理職を育成するために、男女問わず若手のうちからマネジメント研修を行っている。中途入社組から工場の生産管理の手法、営業実績の分析法などを学ぶことも、若手にとっては刺激になっている。

しかし堀内社長は、女性管理職の育成について、ある悩みを抱えていた。

「気遣いをして頑張りすぎてしまい、疲れて管理職昇格前に辞める人が続いていた」のだ。

そこで、リーダー、係長、課長と、ステップを刻んで育てていき、昇進・昇格へのハードルを下げた。子育てしながら働き続けるモデルが社内に不足していることも若手が足踏みする理由のひとつと考え、中途採用で子育て中の女性を積極採用するようにしている。

従業員の25％を占める外国人スタッフのなかから、ベトナム人の女性リーダーも誕生している。日本語も堪能で職場のまとめ役となっており、現在は育児休業からの復帰を待っているところだ。

従業員のなかで女性が3分の1、外国人が4分の1と、いまや多様性に富んだ職場となった。かつての男性シニア中心の職場から様変わりかと思いきや、実はいまなお課題があるという。中途入社した50代の男性管理職に根強く残る、残業も辞さずに仕事を回す昔ながらの働き方へのこだわりだ。女性社員が子どもの病気で休みがちになるのをみて、男性管理職が苦い顔をしたこともある。いずれも大手企業からの転職組で、「時間制限あり」の社員がいることを認められない、昭和な価値観をひきずっているのだ。

大卒女子の採用に始まり、大手企業からの中途採用、外国人雇用と、人材の多様化とともに企業も成長をとげてきた。それでもいまなお残る意識の壁を崩そうと、堀内社長は改革の手をゆるめることはない。

自社の取り組みを地域の経済界に広げる

地域のリーディングカンパニーの経営者が、地元経済界に刺激を与えることもある。鹿児島県では、新日本科学と南九州ファミリーマートがダイバーシティを推進する先端企業として知られている。

県内事業所向けに県が発行する「職場におけるジェンダー平等推進ガイドブック」では、南九州ファミリーマートの取り組みが、計4頁にわたり紹介されている。

同社が大きく変わったのは、社長交代がきっかけだった。2019年に鹿児島に着任した飯塚隆社長（63）は、赴任間もないある日、地元経済界の重鎮が会合で発した言葉に目を丸くした。

「女を出世させてどうするんだ」

性別役割分業意識の根深さを感じた瞬間だった。

「よし、うちの会社がリーダーシップをとって（そんな空気を）変えていこう」

飯塚社長はこのとき、密かに心に誓う。

着任1週間で「ダイバーシティ推進」を社内に宣言するも、女性社員は「男の人の前に立つなんて、考えていません」と尻込みする。当時女性の管理職はゼロ。社員は男女ともに言われた仕事を黙々とこなすだけ。

組織風土の改革が必要だと、飯塚社長は率先して動き始めた。まず始めたのは「TOD」運動。「ちょっとお茶でもどう」の頭文字をとった、社長と社員の対話の場である。着任から5年、いまでも週3回ほど社員数人と1回3時間ほどお菓子を食べながら対話をする。愚痴から社内の改善策まで何でも話していい。

TODの会話の中で出た重要なことは経営陣に伝え、制度や慣行の見直しにつなげていく。子育てと仕事の両立に悩む社員の声を拾い、制度改革につなげていった。「社用車で子どもを保育園に送り迎えしてもいい。チャイルドシートをつけるのも可」「有給休暇は1時間単位で取得できる」「勤務時間は1時間単位で出退勤を変更できる、スマホ申請でOK」

評価制度や賃金制度の改革にも着手した。残業をしなくても業績を伸ばした社員を評価する制度に改めたことで「子育て中の私は戦力外なのか」と劣等感を抱いていた女性を管理職に引き上げることができた。

職場慣行の見直しでは、社長も役員もすべて肩書ではなく「さん」づけで呼ぶこととし、女性を「ちゃんづけ」で呼ぶことを禁止した。前任社長の指示で決まったというボディコンシャスな女性の制服も廃止、同時に男性もスーツ・ネクタイ不要とした。「制服があると服装を考えなくていいから楽でいい」という女性もいたが「自分の頭でＴＰＯを考えることが大事なんだ」とやんわり諭した。

飯塚社長は社の取り組みとその成果を、鹿児島の経営者の集まりや県のジェンダー平等推進プロジェクトなどで、積極的に発信している。ジェンダー平等な職場づくりで「他社の目標となる」と明言する飯塚社長は、まさに有言実行である。

国際女性デーにミモザの花束を配る

２０２４年3月8日、鹿児島中央駅前に長蛇の列ができた。列の先頭には、ミモザの黄色い花束が山と積まれている。国際女性デーを象徴するミモザのミニブーケを配るイベントである。

ＮＨＫなどテレビ各局も取材に訪れ、黄色いミモザを手にして笑顔になった人たちをカメラが囲んだ。赤ん坊を連れて夫婦で訪れた女性は「男らしく、女らしくではなく、(誰もが)

生きやすい社会になるといい」と語った。

イベントは地元の商業施設マルヤガーデンズから始まったもので、2024年には地元の9企業が参加し、県と市も協賛に名を連ねた。ミモザとともに、鹿児島のジェンダーギャップのデータや、困難を抱える女性の相談窓口の案内を記したカラフルなチラシも配られた。「イベントでチラシを手に取った人が何かを考え、鹿児島が少しでも変わっていくきっかけになるといい」とイベント参加企業の担当者は語る。

同イベントを牽引するのが、新日本科学の専務執行役員、長利京美さん(58)。鹿児島市に本社を置く新日本科学は、医薬品の開発受託や創薬などで成長を続け、売上250億円を超えるプライム企業である。従業員約1400人の5割強を女性が占め、女性管理職割合は25%に達する。2018年に「女性が輝く先進企業表彰」で内閣総理大臣表彰を受け、2022年には「なでしこ銘柄」に選ばれるなど、全国区の先進企業だ。長利さんは県や市の男女共同参画の委員を務めており、女性活躍を鹿児島に広める「伝道師」と自ら名乗り、自社の取り組みを地域に惜しみなく紹介する。

そのひとつが、業務時間内に開かれる「働くなでしこ委員会」だ。鹿児島本社や全国事業所から選ばれた社員12人が毎週30分、率直に意見を交わす。「育休を取得しても昇進に影響しないよう、昇格基準が明確だといい」といったつぶやきから、「子どもが小さいうちは病欠が多くて有休を使い切ってしまうから支援が必要だ」という提言までさまざまな声が挙がる。これらをもとに、有給休暇の２時間単位の取得や、子どもが２歳になるまでの欠勤補助といった制度が生まれた。

長利さんは鹿児島市女性活躍アドバイザーを務めており、なでしこ委員会の取り組みを市に紹介したところ、市長がすぐさま「それいいね」と言って市役所内で始めたという。組織の大小を問わず、好事例を取り入れることはできるのだ。

長利さんの推進エネルギーの源は、自身の体験にある。関西の大手企業でＳＥとして活躍していたが、退職して１歳の息子を抱えて鹿児島に戻り、当時は上場前で地元の中堅企業だった新日本科学の門をたたいた。そのころ社内で子育てと仕事の両立について相談できる先輩は見当たらなかった。「後輩に同じ思いをさせたくない」と、社員が語り合う場をつくり、制度を整えてきたのだ。

女性や若者の県外流出に悩む鹿児島県にとって、「やりがいのある職場づくり」を進めて優秀な人材を地元に引き付けることは喫緊の課題である。南九州ファミリーマートでは、飯塚社長が手がける改革が知られるようになると、名古屋や岡山など県外から同社を志望する女子大学生が現れた。新日本科学は、2024年に105人の新卒社員を採用したが、そのうち3分の2が県外出身の大学卒や大学院卒で、6割を女性が占める。

地元に目を向けると、実は人材の宝庫である。鹿児島では女性の四年制大学進学率が37・7%(2022年度)と低く、全国都道府県で下から4番目の水準だ。「優秀な女性が地元にたくさんいる。その力を生かさないのはもったいない」と、長利さんは地元セミナーで力を込めて語っている。

企業の成長を支えるのは、確かな人材戦略である。南九州ファミリーマートと新日本科学の事例は、人材戦略が企業の成長につながり、地方に人材を引き付けることを物語っている。

＊1 https://www.gender.go.jp/kaigi/renkei/ikenkoukan/81/pdf/7.pdf。内閣府によると、職場ごとにアレンジして使ってほしいという意味での試作版で、「完成版」の公開は予定していないという

＊2 「職業とタスクからみる仕事と賃金のジェンダー格差」(麦山亮太、「仕事・働き方・賃金に関する研究会―一人ひとりが能力を発揮できる社会の実現に向けて」報告書、財務総合政策研究所、2022)

＊3 「仕事とジェンダー格差(3)性別職域分離と賃金格差」(麦山亮太、日本経済新聞「やさしい経済学」、2023年9月13日)

＊4 "The Gender Gap In Self-Promotion" Christine L.Exley and Judo B.Kessler, The Quartely Journal of Economics,2022

＊5　「組織リーダーの望ましさとジェンダー・バイアスの関係——男女別、階層別のジェンダー・バイアスを探る」（野村浩子、川﨑昌、淑徳大学人文学部研究論集第4号、2019）

COLUMN 4

事業規模により、女性の登用に差はあるのか

事業所の規模によって、女性登用の進み具合に差があるのだろうか。第1章から第3章に登場した企業11社は従業員30人程から600人弱と規模に幅があり、およそ半数が100人前後の規模である。登場企業は規模の大小を問わず女性の登用を進めている。そこで規模別の違いについては、国の統計をみてみたい。

厚生労働省の雇用均等調査によると、事業所規模が大きくなると女性管理職割合が減る傾向にある（**図表4—4**）。30人未満の企業では「課長相当職以上」は2割を超えるが、30人から100人未満だと約15％、100人を超えると1割を切るようになる。

一方、女性管理職の有無をみると、規模が大きくなるほど女性管理職がいる企業の割合が高くなる（**図表4—5**）。「課長相当職以上の女性管理職」を有する企業は、30人未満は5割強、100人以上300人未満では6割強、5000人以上の企業では98・7％とほぼ100％に近付く。

産業別にみると、女性管理職割合が高い産業は、「医療、福祉」が52・7％と突出している。続いて、「教育、学習支援業」（24・8％）、「生活関連サービス業、娯楽業」（20・1％）

である。一方、女性管理職が少なく1割に満たない産業は、少ない順に挙げると「電気・ガス・熱供給・水道業」「製造業」「鉱業、採石業、砂利採取業」「建設業」である。

これらのデータを総合してみると、女性登用について、小規模企業のなかでは二極化しているものの、女性管理職割合の平均値は医療、福祉などの高割合もあって高めになると考えられる。

事業規模が大きくなるにつれて、女性管理職を有する企業が増えるのは、女性活躍推進法により従業員101人以上の企業に、女性活躍推進計画の策定と提出が義務付けられていること、また上場企業に対しては女性登用が投資家の投資判断の指標として定着していることなどから、女性活躍を進めることへの「外圧」がかかりやすいためであろう。

むろん企業規模にかかわらず、また外圧の有無にかかわらず、女性はじめ多様な人材の人的資本を生かして企業価値を高めることが経営者に求められる。本書に登場した経営者たちから、その重要性がみてとれるだろう。

図表4－4　規模別、女性管理職割合

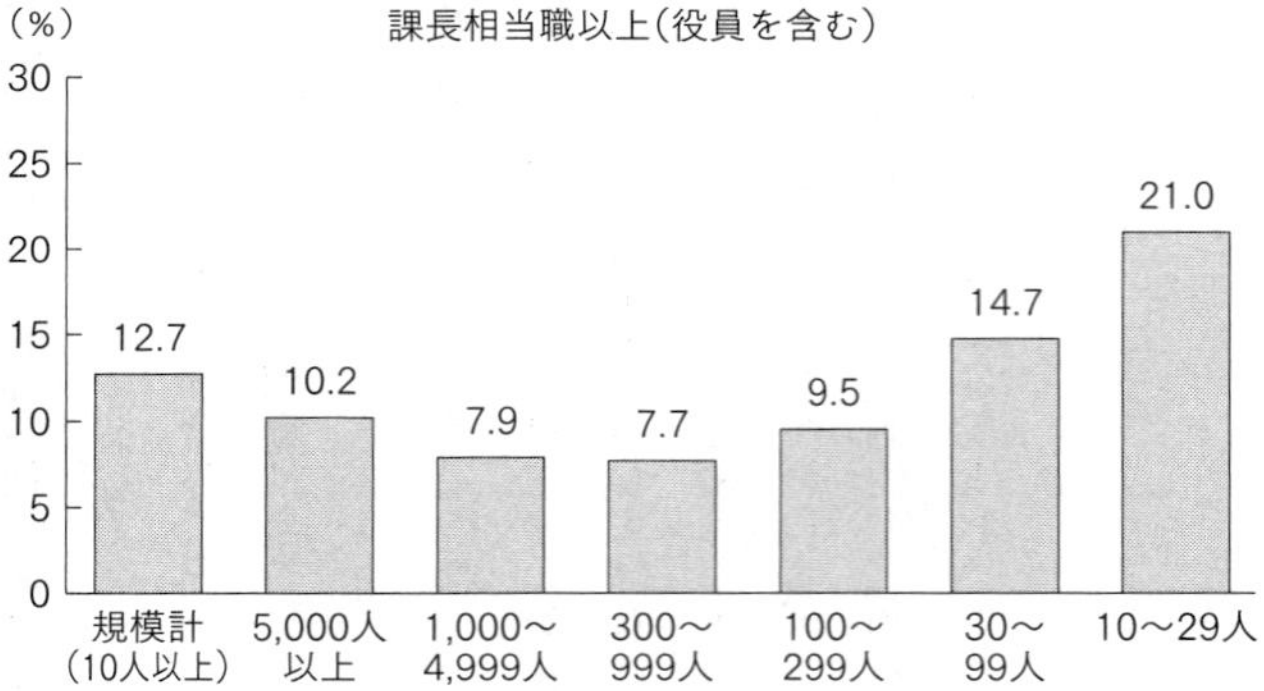

(出所)令和5年度「雇用均等基本調査」(厚生労働省)

図表4－5　企業規模別、女性管理職を有する企業割合

	課長相当職以上(役員含む)の女性管理職ありの割合(%)
企業規模	
5,000人以上	98.7
1,000～4,999人	87.5
300～999人	73.7
100～299人	62.6
30～99人	55.4
10～29人	51.6

(出所)令和5年度「雇用均等基本調査」(厚生労働省)

第5章

自治体が挑む、ジェンダー平等社会の実現

地方の中小企業が、自社のみで女性活躍を進めようとしても、どこかで壁にぶつかる。女性社員を登用しようにも社内に管理職のロールモデルがいないため、上にいくほど頑張る女性はひとり孤立してしまいがちだ。解決策は、地域全体で女性活躍のうねりをつくり、一体となって進めること。地域の中小企業が手を組んで、地域一帯のグループ企業のように連携して進めるイメージだ。

地域ネットワークをつくるうえで、自治体の推進力が大きなカギとなる。さらには、職場にとどまらず、地域社会全体でジェンダー平等な環境をつくるうえでも自治体は大きな役割を果たす。ここからは、全国各地の自治体の取り組みをみていきたい。４つのポイントに分けて、施策とその効果、さらなる課題を考えていこう。

ポイント①　経営者の危機意識にスイッチを入れる

全国を歩くなかで、地方自治体や地域の経済団体のスタッフから、何度も同じ質問を受けた。

「地元企業の経営者に女性活躍の必要性を分かってもらうには、どうしたらいいのでしょう」

女性活躍やダイバーシティ推進のセミナーを開いても、まったく関心を示さない経営者たちに頭を抱えているのだ。そこで、全国各地で経営者が動き始めたきっかけを集め、「社長の危機意識にスイッチを入れる」方法を探ってみた。

施策①　セミナーで経営トップに気付きを促す

「企業に魅力がないから、若者が地元に帰ってこない」

6年前のこと、当時の中貝宗治市長からこう告げられた、兵庫県豊岡市の東豊精工の岡本慎二社長は「企業のせいにばかりされてもな」と心のうちでつぶやいた。東豊精工はバネの製造会社で、従業員100人強。岡本社長は豊岡商工会議所の会頭で、地元経済界を率いるリーダーである。

豊岡市は2021年、全国の自治体で初めて「ジェンダーギャップ対策室」という看板を掲げ、ジェンダー平等の実現に真正面から取り組んだ（2024年4月「多様性推進・ジェンダーギャップ対策課」に改組）。前市長が、急激な人口減は若者の流出、とりわけ若い女性の流出率が高いことが問題であるとして、2018年に女性にとっても男性にとっても住みやすく働きやすい「ジェンダー平等」なまちにすると宣言したのだ。

取り組みの第一歩として、地元企業の働き方を変革するための「豊岡市ワークイノベーション推進会議」を立ち上げることを決める。岡本社長にも、当然声がかかった。岡本社長は以前、中国・深圳《しんせん》で工場を立ち上げた際に全員女性の工場をつくった経験もあり、男女差のない登用には自信があった。ところが、市役所に集った16事業所とともに、ジェンダーに関するアンコンシャスバイアスの研修を受けたところ、「あれ？」と思った。

創業から六十数年、バネをつくるのは男性の仕事、計量・出荷や事務は女性の仕事、そうした役割分担を当たり前と思ってきた。職域が違うことにより、男女間で賃金格差が生じていた。さらに女性が産休・育休を取ることも、賃金差の要因になっていた。しかし「ダンナさんもいるし、男性世帯主並みの給料でなくてもいいか、という思いがどこかにあった」ことに気付いたのだ。岡本社長が、職場のジェンダー平等に目覚めた瞬間だ。

経営者が無意識のうちに抱いているジェンダーバイアスに気付きを促す研修が、功を奏した事例といえる。

施策②　地元経済界トップから声がけ。自治体が仕組みづくり

スイッチの入った岡本社長は、早速動き始める。地域全体のワークイノベーションは「仲間が増えないとできない」と、知り合いの経営者に会議への参加を促す声がけを始めた。企業選びの基準は大きく3つ。従業員数十人以上とある程度の規模があること、女性従業員が何人かいること、そして業種が偏らないこと。豊岡にはカバン製造や観光の企業が多いが、これに限らず、幅広い業種を対象にして改革の波を起こそうとしたのだ。

商工会議所、ロータリークラブや工業会などで活動をともにする社長一人ひとりに、自ら電話をかけた。人手不足が進むなか、経営者はみな「このままではいけない」と危機感を抱いている。地元経済界トップからの電話は大きな効き目があった。

電話を受けたひとりが、タジマ食品工業の田村幸一社長。市役所のジェンダーギャップ対策室の担当者の訪問を受けており「ワークイノベーション推進会議というものを立ち上げるから、ぜひ参加をしてほしい」と熱く説明されていた。そこへ岡本社長からの電話。「趣旨を十分理解できないままでしたが、（参加を）断る理由もなかった」と、田村社長は苦笑いする。

同社は参加をきっかけに、社内に女性活躍推進チームを立ち上げた。「これまで女性は『平和が一番』と、管理職を目指すことなく慣れた仕事をやりたがる傾向があった」（田村社長）。間接部門や包装ラインでの補助的な仕事に満足する傾向があったという。

まずは女性社員の意識を変える必要があるとして、市が主催する女性社員向けキャリアアップセミナーに送り出した。当初女性社員は尻込みしていたが、管理職に根回しをして参加を後押しした。「最近ようやく、女性も社外（の研修）に出る不安がなくなってきたようだ」と田村社長は言う。

地元経済界トップからの声がけが、仲間の社長に届き、それぞれの会社で変化の波が起きていることが分かる。このとき変化を後押しする仕組みを、市のジェンダーギャップ対策室でも用意していた。

正規・非正規の従業員全員が働きやすさ・働きがいについて答えるアンケート「従業員意識調査」を毎年10社ほどに無料で行い、その回答を性別・年代別・役職別などで詳細に分析した結果を経営者にフィードバック。ここで経営者は「40代の満足度が一番低い」「やりがいを感じる女性の割合が低い」など、想定とは異なる現状を突き付けられる。

調査結果等を用いた審査をもとに基準を満たせば、市から「あんしんカンパニー」として認定される。ワークイノベーション推進会議への参加、あんしんカンパニーの認定が、市の公共事業入札において「加点」されることも、地元企業の取り組みを加速することにつながった。２０１８年に16事業所でスタートしたワークイノベーション推進会議は、１１８事業所（２０２４年８月時点）にまで広がっている。

豊岡市のように女性活躍やダイバーシティ推進の取り組みを、自治体の入札における「加点」とする、つまり「インセンティブ」とすることは、企業に「変わらざるを得ない」というプレッシャーとなり得る。他の自治体でも、さまざまな関連指標や取り組みをインセンティブとする例がすでにある。さらに、海外に事例があるような、ジェンダーギャップ解消の目標が達成されない場合に罰金など経済的な「ペナルティ」を科す方法も考えられる。「インセンティブ」と「ペナルティ」により、まずは事業所に形からでも取り組まざるを得ない状況をつくるのだ。

こうした働きかけに対しては「外側の形だけ整えても、意識が変わらないと意味がない」という反論が聞かれるが、まずは形から変えていき意識変化を促すアプローチもある。そうした強制策が必要なほどに、日本のジェンダーギャップの状況は深刻なのだ。

施策③　経済界、行政、大学が連携して地域全体で機運を盛り上げる

地域の財界、行政、大学など、各分野のトップが参加するプラットフォームをつくり、女性活躍の推進をはかる自治体もある。

宮崎県では、プラットフォーム「みやざき女性の活躍推進会議」を組織する。企業、団体、行政、大学が連携して、地域全体で機運を盛り上げようというものだ。会議には、経済団体のほか、NPOセンター、宮崎大学、宮崎県市長会など18の組織が名を連ね、「オール宮崎」といった構えである。会の共同代表は、宮崎日日新聞顧問と宮崎の女性起業家の2人が務める。顧問には、知事と宮崎労働局長が名を連ねる。県トップのコミットメントを示し、さらには厚生労働省傘下の労働局の参加により国の後押しをうまく取り込もうという意図がうかがえる。

会員企業は、2024年5月時点で374社。同会の特徴は、地元中小企業を中心にした16組織から成る企画委員会で、会の活動内容を決めていくこと。2023年度の活動初回は、県知事との意見交換会で「ジェンダー平等の実現に向けた官民の連携」などについて議論した。知事は「管理職の意識改革は非常に大きな課題だ。上司も一緒に研修に参加してもらうのはよいアイデアかもしれない」とおおいに触発された様子だった。

2023年度の活動は年6回で、取り組みに熱心な経営者による講演、女性リーダー育成塾などを行った。会員アンケート（2020年）によると、参加により「管理職の意識が変わった」23％、「女性社員の意識が変わった」16％、「企業トップの意識が変わった」7％。

経営トップの意識変革はてごわいようだが、トップが変われば組織の変化も早い。会議の発足から10年、これからも地域連携の取り組みを続けていくという。

施策④　手を挙げた企業に「専門家」を派遣する

「女性活躍といっても、何から手をつけたらいいか分からない」

こうした中小企業に対して、個別に専門家を派遣する取り組みも広がっている。社会保険労務士や企業コンサルタントなどを企業に派遣して、女性活躍推進法に基づく行動計画を作成する助言をしたり、コンサルティングを行ったりする。比較的小規模な企業の場合は、社長が専門家と相対することで、改革が始まることもある。

専門家派遣は各地自治体で行われているが、地域の実情に合わせて工夫もされている。

北海道では、職場における男女格差が全国平均より大きい。女性の就業率は全国平均を下回り、自治体の女性管理職比率は7・4％にとどまる。出生率は47都道府県でワースト2位の1・06、札幌市は1・02と政令指定都市のなかで最も低い。若者の失業率が高く、非正規雇用割合は全国平均を上回る。サービス業で働く非正規の女性が多い、核家族化が全国平均に比べ進んでいることなどが要因とされる。

そこで、正規と非正規の処遇差をなくす、正規に切り替えるといった取り組みをする企業に、道は無料で専門家を派遣している。

鹿児島県は、経営者のダイバーシティマネジメントを支援するため、従業員と経営者の「円卓会議」を行う専門家を派遣した。経営者と従業員がテーブルを囲んで対話をすることで、現在の課題を共有して改善に向けてのヒントを導き出す。これを受けて、経営コンサルタントから実践的な方策についてアドバイスをもらうものだ。

鹿児島市内に2店舗の大型家具販売店を構えるオンリーワン（従業員37人）の佐々木正人社長は、専務時代に「会社を変えたい」という思いで、この専門家派遣に手を挙げた。家具販売店は長時間労働となりがちで、扱う家具の重量からも女性が職場で中核業務を担うことがむずかしい。改善策を探りたいと、専門家のひとりである多様性トレーナーの高崎恵さんに依頼した。

高崎さんは、県内の中小企業各社でワークショップを行い、社内の意識改革を促してきた。オンリーワンでもまた、経営者を交えて従業員との「対話」の場を設けた。場があたたまったところで「あと10分遅く出社できれば保育園の送りができて助かる」「重い家具を運ぶのが大変」という声が挙がった。「えっ10分でそんなに違うの」と驚いた佐々木さん。早速フレックスタイムを取り入れた解決策を打ち出した。さらに対話のなかで、障がいのある子どもを育てながら仕事をしていると初めて打ち明けた社員もいて、自閉症の子どもも受け入れる店舗にしようと議論が発展した。円卓会議を経て、職場の雰囲気が明るくなったという。

風通しのよさは業績向上にもつながったが、実はその後、組織改革を「継続することがむずかしかった」と佐々木社長は顔を曇らせる。家具店は商品自体の差別化がむずかしく、サービスの差別化で生き残りをはかるケースが多い。同社もまた、長時間労働のできる男性販売員が職場の管理職になるという構造的な課題を解決し切れなかったという。

県の専門家派遣をきっかけに社長に気付きは芽生えた。経営者はその先の事業構造の転換に踏み込む必要があるようだ。

ポイント②　働きたい女性と地元企業をつなぐ

施策　自治体とハローワークが連携する

女性の就労支援をするうえで、自治体とハローワークの連携が求められる。子育てをしながらのフルタイム勤務はむずかしいが、短時間勤務なら働ける、また数人でひとつの仕事をするジョブシェアリングなら可能だという女性は少なくない。そうした女性と地元企業をつなぐ試みもある。

北海道の場合は「女性が働きやすいよう仕事を切り出して、求人広告で訴える」取り組みをする。2022年度は釧路市、室蘭市で医療・福祉、卸売・小売などで計52人の新規就業を実現。2023年度は帯広市、北見市で8人の就業を後押しした。道庁としては、女性にとっての「働きやすさ」を第一段階として、職場の男女差を縮めていく方針だ。

兵庫県豊岡市は、子育て中の女性の就労支援として「1日数時間から、週1日から」といった超短時間・少日数勤務ができる職場を紹介してきた。市内事業所での詳細な仕事カタログを作成し、ハローワーク豊岡との共催で「働きたいママのためのお仕事大相談会」も開いた。2018年からの2年間で市内16事業所に39人の女性をつなぐことができた。女性の復職のハードルを下げる一方、事業所にとっても業務仕分けで効率化が図られたという。

コロナ禍以降は、このプログラムを発展的に組み直し、「働きたい女性のためのデジタルマーケティング人材の育成」を行う。オンラインで録画授業を視聴するオンデマンド授業を基本に、月2回の対面スクーリングも行い、基礎から実践まで5カ月にわたり学ぶ。希望者には市内事業所でのインターンシップも用意している。修了生は再就職、起業などさまざまな形で仕事に生かしていく。同時に、経営者のデジタル意識を高めるために、市内事業所の経営者向けデジタルマーケティングセミナーを開いている。ここで講座修了生が事例発表を行うのもポイントで、企業と修了生との接点も生まれている。

働きたい女性と市内事業所のマッチングを進めるうえで、豊岡市とハローワーク豊岡との連携は欠かせない。同市では19年に兵庫労働局と豊岡市、そして前出の豊岡市ワークイノベーション推進会議の3者が「豊岡市女性の就労に関する協定」を結んだ。こうした仕組みのうえでさまざまな施策を動かすことが、地域全体で連携して就労課題を解決することにつながっていく。

ポイント③　働く女性のネットワーク支援

地方で働き続ける女性を支援するには「孤立させない」こと。これが重要なポイントとなる。同じ職場で仕事意欲の高い同僚をみつけることはむずかしいかもしれない。しかし、地域全体を見渡せば、「仲間」がきっとみつかる。その仲間づくりの支援が、自治体に求められる役割である。

施策①　女性向け研修で、企業の垣根を超えた仲間をつくる

仕事に関する価値観で共鳴し合える仲間をつくるには、ともに学ぶのが一番だ。自治体や地域センターが主催する女性向け研修がそのいい機会となる。島根県としまね女性センターでは、「しまね働く女性きらめき応援塾」を開いている。若手・中堅女性向けの入門「スキルアップ講座」は全3回で、グループごとのワークショップを中心に「チームビルディングを通した複合的なスキルの向上」を目指す。

セミナーに参加する女性社員は、地道に職場で実績を積みながらも、自己評価が低い人が多い。ところがワークショップで議論を重ねるなかで表情が次第に変わっていく。ある年のグループワークのテーマは「子育てしながらの自分らしいキャリア形成」「(自分に自信がもてず) なぜ心にブレーキが働くのか」など。他社の社員と思いを共有するなかで、「私もできるかも」「会社を変えていこう」とモチベーションが高まっていくという。

入門編に続いて、女性リーダーとその候補者向けのレベルアップ編、男女管理職向けマネジメント編も設けている。2018年の開始以来、若手から管理職まで県内延べ230社からの参加があった。東西に長い島根県では東部の出雲地区と、西部の石見地区に分かれての

開催だが、東西大交流会も企画して、学びの反復や仲間との再会の機会も設けている。各社から変革のキーパーソンとなる社員を送り込んでもらい、会社を超えた横の連携を広げていきたいという。

自治体が主催する研修に参加したことで、女性社員が大きく成長したという例は、全国の自治体から報告されている。パワーポイントで自分の考えをまとめたり、人前で発表したりという経験を初めてすることで、ひとつ殻を破ることができる。

ただし、セミナー主催にあたり主催者が苦労するのが、まずは企業から社員を派遣してもらうこと。「(研修参加を)本人が希望しない」「女性社員がひとりしかいないから、研修に出すと現場が回らなくなる」として、女性社員を送り出すことに渋い顔をする経営者は少なくない。やはり、経営者の意識が、女性社員を育成する第一関門となるのだ。

施策②　企業の枠を超えた「メンター制度」で、社外の助言者につなぐ

大手企業ならば社内にメンターとなる人材も複数いるが、中小事業所では社内の女性リーダーも限られる。そこで、会社の枠を超えて地域全体でメンター（助言者）、メンティー（相談者）をつなぐ自治体もある。愛媛県は、男女ともに「働きやすさ」「働きがい」を感じ

る環境づくりをする経営者や管理職を「ひめボス」と名付け、これを核にさまざまな働く女性応援事業を行っている。そのひとつが、「ひめボスメンター制度」（２０１８〜２０２３年度）。県内企業から「ひめボス」宣言を行う事業所を募り、その事業所間で組織を超えてメンタリングを行った。

食品卸会社と介護事業所、銀行と福祉機器メーカーなど、異業種間のメンタリングながら、相談者の満足度は高い。相談者であるメンティーからは「異業種でも抱える悩みは同じところもあり、新しい解決方法を教えてもらった」「今まで『成長しなければ……』と焦る一方、どうすればいいか分からない状態から、自分がすべきことがはっきりした」といった声が上がった。

メンター制度の実施にあたっては、自治体ごとの工夫がある。宮崎県男女共同参画センターでは、ホームページ上でメンターの紹介を行っている。キャリアモデルとして１２８人の「ひむかＷＯＭＡＮ」を紹介（２０２４年８月時点）、そのうち92人がメンターとして個人面談や講義などを行っている。個人面談では、社外で相談に乗ってくれる人を求める個人を、登録メンターとつないでいる。新しいことにチャレンジしたいが、どうしたらいいか分からないといったモヤモヤを抱える人が多く、メンターは傾聴をふまえて課題を整理しているという。

講師派遣にも応じており、学校でキャリア教育の講義を行ったり、企業で「多様な人材が活躍できる組織づくり」に関する講演を行ったりする。相談者はもちろんのこと、相談に応じるメンターにとっても自身の経験が生かせる手応えが得られ、双方にとってのエンパワーメントになるという。

ポイント④　地域で、家庭で、「ジェンダー平等意識」を高める

「男性は仕事、女性は家事・育児」、こうした性別役割分業の意識を、家庭でも地域でも変えていかないと女性活躍は旗振りだけに終わってしまう。職場で女性が力を発揮できる場を整えても、女性自身が「母役割」「妻役割」のジェンダーバイアスに縛られてしまうことも少なくないのだ。家庭や地域社会のジェンダーギャップを解消しようと、自治体はさまざまなアプローチを試みている。

施策①　家庭内ジェンダーギャップを可視化する

青森県では2021年に「名もなき家事」にネーミングをする公募キャンペーンを行ったところ、大きな反響があった。

総務省の「社会生活基本調査」（2016年）によると、青森県では6歳未満の子どもがいる家庭での家事・育児時間は、夫61分、妻365分。妻が夫の約6倍のケア労働を担うという偏りを是正しようというものだ。

集まったネーミングは、毎日の献立を考える「献立地獄」、子どもの学校からの連絡帳などを管理する「ランドセルマネジャー」など。「名もなき家事」を妻が一手に引き受けていることを可視化して、固定的な性別役割分業意識に揺さぶりをかけようという試みだ。キャンペーンは話題を呼び、全国のテレビ各局でも紹介された。

兵庫県豊岡市では、職場にとどまらず、家庭、地域、学校などまち全体のジェンダーギャップの解消に向けた取り組みを行う。2021年3月に策定した「豊岡市ジェンダーギャップ解消戦略」では「家庭において男女が家計責任とケア責任を分かち合っている」「地域において男女が共に意思決定・方針決定に参画している」など、家庭や地域、職場や教育現場で目指すべきジェンダー平等な姿を掲げる。

教育分野では、保育士や小中学校の教員向けにアンコンシャスバイアス研修を行っている。さらに広く市民の気付きを促そうと、コミカルなオリジナルの短編マンガを市の広報誌やホームページで連載する。第一話では、結婚式で親戚のシニア男性が旧来の常識で数々の暴言をはく。「お腹の子　男の子やといいな　将来安泰じゃ」「何が男女平等じゃ!!　女なんか職場でも子どもの世話ですぐ抜けて　使いものにならんわ」。こんなシーンを見てあきれたりため息をついたりしながら、ジェンダー意識を高めてもらおうというものだ。

この春には家庭でカップルが家事・育児をシェアするための「豊岡流／ラク家事・育児コミュニケーションシート」も公開した。「俺も（家事・育児を）少しは手伝うよ」という夫に、「『手伝う』じゃなくてぇ」と怒る妻。こんなマンガから始まり、パートナーそれぞれが120項目を超える家事・育児をどちらが担っているかを記入し、シェアに向けて対話をすることを提案する。シートはホームページ上で公開、豊岡市民はもちろん日本全国で活用してほしいという。

施策②　自治体の男女共同参画のキーパーソンを養成する

鹿児島県では、県民を対象に、男女共同参画社会の基礎を学ぶ4日間の集中講座「男女共同参画基礎講座」を20年にわたって続けている。地域社会で推進役となるキーパーソンを育て、草の根から変えていこうというものだ。県・市町村の自治体職員の受講が多く、リピーターも少なくない人気講座である。

理論や法的根拠を体系的に語るのは、40年以上にわたり地域の男女共同参画政策のアドバイザーを務めてきた、たもつゆかりさん。「男女共同参画社会づくり功労者内閣総理大臣表彰」を受けたこともある実力者だ。

「職場で女性が育っていないというが、育ててこなかったという認識が必要」

歯切れよく課題をつく言葉に、受講者たちは目を見開く。自治体では、非正規で働く女性が多い状況を踏まえて、まずは各種の統計調査をジェンダー視点で捉える「ジェンダー統計」をとり、課題を把握する必要性を説く。

この講座では、参加者がジェンダー概念について「自分ごと」としての理解を深めることに注力する。

4回の講座のうち1回は、ジェンダーについて実感をもって理解する「つぶやきワークショップ」。講師は、多様性トレーナー、ワークショップデザイナーの高崎恵さんが務める。まず受講者一人ひとりが生まれたときから現在に至るまでの人生をジェンダー視点で振り返る。これを受けてグループごとに構造的な問題をよみ取り、朗読劇として発表する。「私だけではなかった」「いまもそうなんだね」といった声が上がり、解決しなければいけないジェンダー課題や、アンコンシャスバイアスに気付くというものだ。

ワークショップで得られた気付きを行動につなげようと、職場や地域での話し合いのための「アサーティブコミュニケーション」の講座も用意している。相手を尊重しながら自分の気持ちを伝えるコミュニケーションの手法である。

最後の講義では、ジェンダー平等を進めるための地域づくりアプローチを学ぶ。４回にわたって「男女共同参画基礎講座」を受けた受講生は、市町村長の推薦を経て県知事から「男女共同参画推進員」の委嘱を受ける。

「意識は好転してきたが、いまだ状況を変える力になっていない。市民も行政も地域全体でジェンダー平等意識を高めて、連携して次のフェイズに進んでほしい」

たもつさんは、受講者にこうエールを送る。

施策③　地域の男女共同参画センターと連携する

地域社会のジェンダー平等を進めるうえで、男女共同参画センターが核となることは間違いない。センターは公設民営のことも少なくなく、地域で活動をリードするＮＰＯ法人が運営を委託されることもある。各地のセンターは女性団体が集う場であり、女性たちの活動・交流の拠点でもある。

家庭や職場、地域で課題を抱える女性一人ひとりを支える役割も果たす。なかでも全国のセンターに共通する重要な役割が、相談業務だ。仕事や家庭の悩み、ＤＶ（家庭内暴力）に関する相談などを、男女問わず受け付けている。

秋田県中央男女共同参画センターは、秋田駅から徒歩10分ほどのところにあるオフィスビルの高層階にあり、秋田城址のお堀を見下ろす明るい空間を県民に開放する。ここでは相談員が常時２人体制で、年間１４００件ほどの相談を受ける。元センター長の佐々木美奈子さんは15年間の経験を通して、相談内容からは「男性はこうあるべき、女性はこうあるべきというジェンダー規範に、男女ともに縛られていることがうかがえる」と言う。

女性の相談者で多いのが、家庭内でのケア役割に思い悩む例だ。育児・介護は自分が中心になって担うべきだとして、仕事との両立に悩む。たとえば、長女として家庭でのケア責任を小さいころから言い聞かされて育つと、結婚する前からその責任を背負ってしまう。女性はケア役割を担うべきという規範から逃れられず苦しんでしまうという。

規範にとらわれるのは、女性に限らない。

ある日、年配の男性が訪れ「妻が家を出ていった」という。これまで、夫が大黒柱、妻は専業主婦という典型的な役割分業夫婦だった。「自分は稼ぎ主として十分に役割を果たしてきた。夫として不足はなかった」と言う。妻がなぜ家を出ていったのか、まったく分からないと繰り返し、自分は被害者だと訴えた。

またある女性は、夫から外で働くことを制限されて、扶養の範囲を超えて働くことがむずかしいという。「夫とあなたとの対等性は、どうなのでしょう」と問いかけると、「夫婦で対等なんて、あり得るのですか」と女性は驚いた表情をみせた。

佐々木さんは、「戦うべき相手は、父権意識だ」と言う。家父長制のもと、家長である男性に妻・子どもが従う、強きものが弱きものを守るといったパターナリズムが、家庭のなかにも、企業経営者にも根強く残っていると言う。そうした地域社会の息苦しさから、若者は県外に出てしまうのだと分析する。

「パターナリズムからの脱却が、秋田の大きな課題です」

企業も地域社会も改革を起こさないと、秋田の未来はないと危機感を抱く。まずはセンターの相談窓口で、ジェンダー規範へのとらわれを解きほぐしていく。

センターの相談業務には、当然ながら地域色が色濃く表れる。

沖縄県男女共同参画センター「てぃるる」は、那覇市の沖縄県庁本庁から車で5分ほどのところにある。5階建ての建物で、真っ白い半円形のファサードや南国風の装飾をあしらった外壁に強い陽光が照り付ける。同センターのホームページによると「てぃるる」とは、「照り輝くような美しいことば」だという。

センターの相談窓口「てぃるる相談室」は、女性からの相談を女性相談員が受ける「女性相談」が中心で、2022年に2416件を受け付けた。内容は「こころ」に関するものが最も多く4件に1件、次いで「暴力」に関するものが14%だった。

これに加えて、基地があるがゆえに複雑になりがちな外国人との結婚・離婚問題などに答える「国際女性相談」、男性からの相談に男性相談員が応じる「男性相談」、セクシャリティに関する相談を受ける「にじいろ相談」を設ける点が特徴的だ。同年の相談件数は、国際女性相談は145件、男性相談は290件、にじいろ相談17件だった。

さまざまなデータからは、沖縄で困難を抱える人が多いことがうかがえる。離婚率が全国1位、10代の妊娠出産率が全国1位、配偶者暴力に関する保護命令発令件数が全国平均の3倍近くにのぼり全国で最も高い。子どもの4人にひとりが相対的貧困にあり、全国平均の7

人にひとりを大きく上回る。子どもの貧困はすなわち、親の貧困の表れである。近年は「生きづらさを抱える人のための相談業務に力を入れている」と事務局長の平美千子さんは言う。

センターの運営を担うおきなわ女性財団理事長の大城貴代子さん（84）は、琉球政府の職員から県職員となり、女性政策室長、生活福祉部長などを務め、道を拓いてきた。子ども２人を育てるうえでは無認可の保育所に預けたり、山口の実家に預かってもらったりと、苦労を重ねた。大城さんの眼に、いまの女性はどう映るのか――。お茶くみしかさせてもらえず、女性の積極的登用など考えられなかった時代からすると大きく前進したが、子育てと仕事との両立が大変なことはいまも同じだと言う。大城さん自身は、組合婦人部で職場の実態調査を行い、女性たちの要求をまとめて交渉し、課題を一つひとつ解決していった。

「権利は天から降ってこない。困っていることには声を上げて」

若い世代をこう励ましている。

ジェンダーに関する悩みを抱える人が、声を上げる「場」を用意すること、声を上げてもいいのだと背中を押すことも、センターの重要な役割である。さらには、ジェンダー課題に目覚めた人が状況を変えていくために、どのように周りに思いを伝えればいいのか、「声の上げ方」を伝えていくことも求められる役割のひとつだろう。

COLUMN 5

労働局のヒヤリングで、企業に変化を促す

都道府県労働局によるヒヤリングで、経営者が気付きを得た例もある。第2章に登場した横関油脂工業（茨城県北茨城市）の伊藤社長、佐川印刷（愛媛県松山市）の佐川社長などだ。

佐川社長は先述のとおり、愛媛県労働局の課長からポジティブアクション（積極的格差是正措置）のチェックリストを渡され、「できていない項目がたくさんある」ことに愕然として改革に本腰を入れた。

厚生労働省の地方機関である労働局の雇用環境・均等室では、女性活躍推進法や男女雇用機会均等法など10本の法令を所管し、法律に沿って事業所が雇用管理をしているか、年間を通して事業所を訪問し調査を行う。法令に満たない企業に対しては助言・指導を行い、先進的な取り組みをする企業の事例はとりまとめて都道府県内に発信している。

事業所訪問をするなか、労働局の担当者がカウンセリング的なヒヤリングをすることが経営者に気付きをもたらすのだ。

ここでは、愛媛県労働局の取り組みを紹介したい。同労働局の雇用環境・均等室では、訪問先経営者に「男女を均等に扱うだけでは、格差は縮まらない」と説いている。現状では勤

続年数に男女差があり、女性が管理職に上がりにくく管理職割合に男女差があるほか、女性の職域や担当業務も限られているという実態がある。事実上の格差があるなか、格差が解消するまでの暫定的な措置として、女性を優遇するポジティブアクションをとる必要があるという。

女性活躍推進法に基づく行動計画策定の対象企業は、2022年4月に301人以上事業所から101人以上へと広がり、労働局への提出が義務付けられた。労働局では対象企業に対して、計画の取り組み状況を訪問調査で確認をしている。

実際には、行動計画そのものを出す義務はなく、届け出様式の提出でよい。行動計画の内容となる目標設定については、大企業は「女性労働者に対する職業生活に関する機会の提供（働きがい）」と「職業生活と家庭生活の両立に資する雇用環境の整備（働きやすさ）」の2つの区分について、それぞれ1項目以上の数値目標の設定が必要とされるところ、中小企業はいずれかの区分を選択して最低1項目の目標設定でよいとされている。

そこで企業によっては「女性管理職を増やす」といった漠とした目標で、実行計画も内実を伴わないものもある。計画を立ててよしとするのではなく、格差の背景にある要因を探り、これに対する具体的な改善策を講じることが重要なのだが、こうした課題分析が十分なされておらず形式的な提出にとどまる企業も少なくない。愛媛県労働局ではインターネット上での公開を促すことで、企業が行動計画の実現にコミットし、目標達成に向けて積極的に取り組む後押しをする。

労働局では取り組みを広げるために、ヒヤリング調査で「これぞという企業」を探し出して、「えるぼし」「くるみん」など国の認定を取得するよう働きかける。「ダイバーシティって何?」という中小企業の経営者に対して、ヒヤリングを通して意識の転換を促している。

終章

女性が住みたい地方をつくる

この1年、「地方×女性」にまつわるテーマが度々話題にのぼった。本書を執筆中のため、このキーワードが耳に飛び込んできたともいえるが、「地方の女性」の動向は、地方創生であったり少子化の進展であったりと、日本全体の趨勢を占ううえで重要なカギであることは間違いない。

政府が発表する「地方×女性」に関する施策やデータについては、「それは違う」と内心でつぶやくことが少なくなかった。極めつけは、2024年8月末に出された、東京23区から地方へ結婚移住する女性に、最大100万円を支援するという案だ。婚活イベント参加の交通費や移住費用などを想定しているという。さすがにこの案には批判が殺到して、すぐに政府も取り下げを決めた。

政府の「地方×女性」の分析に違和感あり

2024年秋の自民党総裁選の論戦では、地方創生や少子化の文脈のなか「地方から女性がなぜ流出するのか」について、幾度か議論がなされた。石破茂候補（現総理）は、「少子化というのは、すなわち少母化だと思うのです」と、自説を幾度となく披露していたが、それを聞いたときには首を大きく傾げたものだ。少子化対策すなわち女性の出産奨励策と考えているのか、という疑念である。男女ともに安心して家庭を築いて子どもをもつ経済的基盤がゆらいでいること、女性にとってはジェンダー不平等な社会で子どもをもつと仕事のチャンスや自分の時間など失うものが大きすぎることなどが少子化の要因と考えられるが、総裁選では本質を捉える議論は展開されなかったように感じられた。

9月に内閣府が発表した、都道府県別の男女賃金格差の分析にも疑問がふくらんだ。[*1]「男女間の賃金格差が、若い女性の地方からの流出につながっている可能性あり」との分析結果が発表され、まもなく「賃金格差が大きい地方から、若い女性が流出している」という説が識者の口からも語られるようになった。内閣府資料では、「若年女性の流出が進み、未婚男性の比率が高い地域」では、「男女間賃金格差が大きい」というごく弱い相関データを提示して先の結論を導き出している。しかし、本書でデータ分析を担った桜美林大学の川崎昌准教授の分析によると、若い女性の流出率と男性の未婚率との間には、ほぼ相関がないとみられる。

都道府県別に男女間賃金格差の大きいところをみると、男性が稼げる仕事が集まる東京はじめ都市部、また製造業の盛んな地方が多い。一方、男女賃金格差の小さい地方は、東北地方や沖縄など男性の平均賃金が低い傾向にある。つまり、都道府県単位でみると男女賃金格差が小さいことは、ジェンダー格差を縮めた結果ではなく、男性の賃金の低さに関連しているといえる。

男女の賃金格差を縮めることが重要だという問題提起に異論はないが、男女賃金格差を縮めることが女性の地方からの流出をくいとめることにつながると紐づけるような、地域の産業構造を考慮しないやや強引な分析は、現状認識をゆがめるのではないかと危惧する。

一方、この1年の「地方×女性」のテーマのなかで、なるほどと頷いたものもある。話題書『なぜ地方女子は東大を目指さないのか』(光文社新書)だ。首都圏女性に比べると、地方女性は地元を離れて難関校を目指すことを避ける傾向がある。女性の県外進学をよしとしない、女性に高学歴は必要ないというジェンダーバイアスがあるためだという。女性にとって人生の選択肢を狭めるジェンダーバイアスが、一部の女性を地域に押しとどめると同時に、序章でみたとおり一部の女性を地方から流出させる要因となっているのだ。

なお、本書では女性が地方でキャリアを拓く可能性を探ってきたが、「女性は都市部に出ずに地方にとどまるほうがいい」というバイアスを支持するものではないことを念のためお断りしておきたい。

地方で女性が力を発揮できるよう、おカネを適切に使う

地方企業で女性が力を発揮できるようにするために、また地方に住む女性のキャリア支援として何ができるのか。地方自治体の取り組みについては、第5章で全国の事例をみながら考えた。最後に国ができることを考えたい。

先に政府見解への違和感を表明したとおり、まずは正確な要因分析を求めたい。地方から若い女性が流出するのはなぜか。地方で女性の可能性にフタをしている要因は何か——要因分析を誤れば、とられる対策は的外れなものとなる。

そのうえで、国は適切に地方の取り組みを支援する補助金を手当てし、同時にノウハウを提供すべきだろう。さらには、地方企業がジェンダー平等な職場をつくるインセンティブを設けると効果的だ。つまり、おカネの交付とノウハウ提供、変化のスピードを上げる仕組みづくりである。

まずはおカネをみてみたい。注目度の高まる地方創生の交付金をみると、令和7年度予算案では2000億円に倍増させる方針が出されている（2024年12月時点）。過去10年の取り組みをみると、地方の産業振興、移住、観光など人の流れを呼び込む事業、デジタル化による地方振興など、さまざまな施策に交付金が出されてきたが、そのなかで女性の働く環

境づくりに関するものは、ほとんど見当たらない。内閣府の交付金担当者によると「地方創生のなかで、女性の活躍というのは極めてニッチな領域。（地方創生の）事業を女性で検索してもほとんどヒットしない」という。「地方から女性が流出するのはなぜか」と議論をしながらも、女性の力を生かす環境づくりが地方創生につながるという視点が、これまで欠けていたのだ。

初代地方創生大臣を務めた石破茂総理は、地方創生がなぜ上手くいかないのか、「反省と検証」が必要だという。２０２４年末の地方創生会議では「重要なのは職場や地域の構造意識の変革であり、若者や女性にとって魅力のある働き方や職場づくりだ」と語った。[*2] 女性の当事者目線を反映した施策がいかに実行されるか、注目したい。

中小企業に対する直接支援としては、厚生労働省が行う「両立支援等助成金」が手厚い。一例を挙げると、男性従業員が育児休業を子の出生後８週以内に取得した場合、取得者１人目に20万円、２〜３人目に10万円が事業主に支給される。このほか、中小企業が補助金を申請するにあたり、子育て支援や女性活躍に取り組む企業は「加点措置」を受けられる仕組みも２０２３年に導入されている。[*3]

これらの支援策は中小企業の後押しとなるだろうが、問題は「両立支援」にやや偏る点だ。

第4章で述べたとおり、女性活躍推進には両立支援といった「働きやすさ」とともに、「働きがい」の実現が求められる。政府の補助金は「働きやすさ」実現に寄与するとしても、キャリア形成につながる「働きがい」の男女差を埋めることにつながらないのではないか。職場のジェンダーギャップ解消につながるのか、という点で疑問が残る。

インセンティブを設けて、変化を加速する

そこで、地方企業の職場のジェンダーギャップを解消するために、いま注目を集める「男女賃金格差」に再び焦点を当てて考えたい。先述したとおり、男女の賃金格差を都道府県単位でみて男女格差を縮めようという働きかけは有効性が疑われる。都道府県という大括りの地域のかたまりで捉えるのではなく、賃金格差の分析は事業所ごとに行い、男女差を改善するほうが有効と考えられる。男女賃金格差を測定するツールなどを活用して職場の男女差を把握することも、格差解消の手がかりとなるだろう。

組織内賃金格差を分析するツールは、現在は東京大学エコノミックコンサルティング社が開発したものが有償で提供されている。性別、年齢、年間労働時間など10の基本データを社員ごとに入れると、年齢、勤続年数、学歴がそれぞれ同じ場合、男女でどの程度、賃金差が

生じているかが自動的に算出され、他社との比較も表示される。企業側にデータ分析に手慣れた人がいれば、これに加えて、職種、子どもの有無、労働時間など項目ごとのジェンダーギャップも分析ができるよう手引きも用意されている。従業員５００人未満の企業が利用する場合で利用料は10万円。従業員50人以上、女性従業員10人以上であれば男女格差の分析が成り立つという。

厚生労働省は現在、従業員１００人未満の企業も使えるような簡易版の男女賃金格差の測定ツールを開発している。表計算ソフトにデータを入力すれば簡単な分析結果が自動的に算出されるもので、２０２４年度中の無料公開を目指しているという。業種や規模を同じくする他社との比較はできないが、およその分析はできるかもしれない。

早稲田大学の大湾秀雄教授によると、男女賃金格差の診断ツールは、スイス、ドイツ、オーストリアで国からの無料提供が行われている。なかでも、最も効果を上げているのが、スイスの事例だという。

スイスは、２００6年に男女賃金格差を事業者が自己診断できるツールを英語、ドイツ語、フランス語、イタリア語で無料提供を始めた。取り組みで注目すべき点は、従業員50人以上の企業が政府公共事業や補助金に応募する場合、男女賃金格差で5％を上回る差が生じていてはいけないという基準を定めたことだ。政府調達や補助金の申請権利を得るために、職場の男女差を縮めることが求められたのだ。これにより、男女の賃金格差が国全体で3・5％縮小する効果がみられた。大湾教授によると「情報公開の義務付けでは効果が薄い。インセンティブを設けることで、男女格差縮小への影響が大きくなる」という。日本でもこうした海外事例からおおいに学ぶところがあるのではないか。

先に述べたとおり、両立支援などに取り組む事業主は補助金申請で有利になるが、さらに強固な「インセンティブ」を設けることを検討してもいいだろう。職場のジェンダーギャップを縮める「仕組み」をつくることが、中小企業から大手企業まで動かし、日本の変化を加速することにつながると考える。

本書に登場した女性幹部、彼女たちを育てた企業は、まだまだ点の存在である。地域であとに続く女性たちを育てて線を結び、さらには全国へと面に広げるためには、地方企業が女性活躍に取り組まざるを得ない、いや取り組むと確実にプラスとなる「インセンティブ」を国として設けることは有効だろう。地方企業が男女格差の分析を突破口として、男女差を縮めることが、地方の活力を取り戻すことにつながるのではないか。

＊1　「女性の職業生活における活躍とマクロ経済」（女性の職業生活における活躍推進プロジェクトチーム、第6回、２０２４年9月2日）。男女賃金格差は、２０２２年7月、常時雇用者３０１人以上の事業所に格差データを公開することが義務付けられた。公表義務の対象を１０１人以上の企業に広げる女性活躍推進法改正案が２０２５年通常国会に出される見込み

＊2　日本経済新聞電子版２０２４年12月24日

＊3　子育て支援を行う「くるみん」認定、女性活躍を推進する「えるぼし」認定などを受けた中小企業が、補助金申請で加点評価を受ける。対象となるのは、ＩＴ導入補助金、ものづくり補助金など。中小企業が利用できる補助金・税制優遇、またセミナー研修などは「２０２４年度版中小企業施策利用ガイドブック」（中小企業庁ホームページ）に詳しい

おわりに

いま改めて、第1章から第3章に登場してくれた方々の顔が、一人ひとり浮かんでくる。森を抜けた里山にある本社オフィスで、沖縄の海を望むホテルで、工業団地の工場脇にある社屋で……、これまでの道のりを丁寧に振り返ってくれた。インタビューを終えたとき、「ああ、いろいろあったけど、頑張ってきてよかった」、ある人がこう語った笑顔が印象に残っている。

頭に浮かんだ顔は、本書に登場した人たちだけではない。匿名で何人もの方に取材にご協力いただいた。各地の女子会で出会い、夜を徹して語り合いながらも、描き切れなかった人たちがいる。Uターンをしてフリーランスとして地元に貢献する人、新卒で公的な仕事に就き定年まで働き続けた人、NPO法人を経営しながら地方議会の議員として活躍する人、農村地域で農業法人を経営する女性たち。地方で働くといっても、実に多様な選択肢がある。地方企業で働くのは選択肢のひとつであり、本書で地方の女性のすべてが描けたとはむろん思っていない。しかし、さまざまな立場、職種の女性たちが抱える大きな課題が、ジェンダーバイアスとの戦いである点は共通していた。いまを生きる女性にとって、キャリア形成の大きな壁となっていることは間違いない。職種を超え、立場を超え、働く女性に何らかのヒントを届けられたら、嬉しく思う。

本書で女性管理職とともに重要な登場人物となったのは、お気付きのとおり地方企業の経営者である。いずれも地域経済界を率いるキーパーソンである。地域で先陣を切って女性の力を生かす取り組みを進めてきた経営者の方々は、悩みや課題も含めて率直に語ってくれた。

地方自治体のなかには、ジェンダー平等社会の実現という、日本でこれまでになかった取り組みに挑戦するところもあり、その姿に心を動かされた。正直にいって、その熱量は各地の自治体によって差はあったが、熱く、ブレることなく取り組むところでは、少しずつ成果が上がっていることを肌で感じた。

本書を世に出すにあたっては、多くの方々のお力添えをいただいた。地方の女性たちの取材は、月刊誌『日経グローカル』の連載から始まった。浅山章編集長、松本勇慈さん、長谷川章さんには丁寧にご対応いただいた。『中小企業と組合』編集担当の鮎川尚之さんには貴重な機会をいただいた。地方出身者の声を聞くにあたっては、科学技術と経済の会の高木紀美子さんにご尽力いただいた。本書のデータ掲載にあたっては、桜美林大学准教授の川﨑昌さんに幾度となく分析を重ねてもらった。秋田商工会議所、沖縄県経営者協会など各団体のご紹介により、地元で働く女性たちとの縁が結ばれた。本書を編むにあたっては、光文社書籍編集部編集長の小松現さん、永林あや子さんに、貴重な助言をいただいた。

最後までお読みくださった読者のみなさま、そして本書にお力添えくださった各位に改めて心からお礼を申し上げたい。

地方でも都市部でも、女性らしさ／男性らしさに縛られることなく、暮らし働くことができる社会となることを願う。その実現に向けて、本書がささやかながら一助となれば幸いである。

野村浩子

2024年12月

巻末データ

データ作成／川﨑昌（桜美林大学准教授）
＊各データは、2024年8月時点。出所、統計方法により、都道府県別のデータが異なる場合がある

巻末データ1　女性の就業率

順位	都道府県	女性就業率（%）	男性就業率（%）
1位	東京都	59.0	74.6
2位	福井県	56.5	71.1
3位	滋賀県	55.0	71.0
4位	石川県	54.9	68.2
4位	長野県	54.9	69.4
6位	沖縄県	54.6	67.3
7位	愛知県	54.5	71.4
8位	静岡県	54.4	69.7
8位	岐阜県	54.4	69.9
10位	神奈川県	54.3	71.3
11位	山梨県	54.2	70.1
12位	群馬県	53.9	68.8
12位	京都府	53.9	67.3
14位	佐賀県	53.7	68.1
15位	鳥取県	53.5	66.6
16位	埼玉県	53.0	69.8
16位	富山県	53.0	68.8
18位	栃木県	52.8	69.3
18位	熊本県	52.8	66.0
20位	千葉県	52.7	69.2
20位	山形県	52.7	67.2
20位	大阪府	52.7	67.9
23位	福岡県	52.6	67.6
24位	広島県	52.5	68.7
25位	茨城県	52.5	68.7
26位	三重県	52.4	68.4
27位	鹿児島県	52.2	65.8
28位	島根県	52.0	66.9
28位	宮崎県	52.0	66.3
30位	新潟県	51.9	66.1
31位	岡山県	51.7	67.4
32位	高知県	51.5	63.7
32位	宮城県	51.5	68.1
32位	岩手県	51.5	67.3
35位	香川県	50.8	66.1
36位	福島県	50.5	68.3
37位	長崎県	50.4	65.1
38位	徳島県	50.3	63.3
39位	兵庫県	50.2	66.6
40位	大分県	49.9	65.7
41位	愛媛県	49.7	65.2
42位	和歌山県	49.5	66.6
43位	青森県	49.3	65.3
44位	北海道	49.1	66.5
45位	山口県	48.8	65.9
46位	秋田県	47.9	65.9
47位	奈良県	47.3	64.0

女性の全国平均 53.2%

（出所）総務省統計局「就業構造基本調査」（2022年）

巻末データ2 女性の正規職員・従業員の割合

順位	都道府県	女性の正規職員・従業員割合(%)	男性の正規職員・従業員割合(%)
1位	山形県	55.6	78.6
2位	東京都	54.6	79.0
3位	富山県	53.9	80.1
4位	徳島県	53.5	80.1
5位	福井県	52.5	79.6
6位	秋田県	52.1	77.5
6位	石川県	52.1	79.1
8位	鳥取県	51.5	78.1
9位	高知県	51.4	77.9
10位	福島県	50.4	79.5
11位	熊本県	50.1	77.4
12位	岩手県	49.8	78.0
13位	大分県	49.7	79.2
14位	島根県	49.4	77.2
15位	宮城県	49.2	78.6
16位	香川県	49.1	81.2
17位	新潟県	48.6	80.7
18位	青森県	48.5	79.6
19位	愛媛県	48.4	80.8
20位	佐賀県	48.2	78.6
21位	岡山県	48.1	79.8
22位	宮崎県	47.6	78.9
23位	山口県	46.6	80.1
24位	長崎県	46.5	77.7
25位	沖縄県	46.3	73.8
26位	千葉県	45.9	77.7
26位	神奈川県	45.9	78.2
28位	広島県	45.7	79.5
28位	鹿児島県	45.7	77.4
28位	長野県	45.7	79.2
31位	福岡県	45.2	75.5
32位	静岡県	45.1	77.5
33位	茨城県	44.6	77.5
34位	群馬県	44.5	77.1
35位	栃木県	44.2	79.6
36位	大阪府	44.0	75.5
36位	京都府	44.0	74.6
38位	山梨県	43.8	77.5
39位	和歌山県	43.7	78.9
40位	愛知県	43.6	79.5
41位	兵庫県	43.3	77.0
41位	北海道	43.3	75.6
43位	埼玉県	43.1	77.2
44位	岐阜県	43.0	78.4
45位	奈良県	42.4	75.4
46位	三重県	42.0	78.2
47位	滋賀県	41.4	75.9

女性の全国平均 46.8%(22位と23位の間)

(出所)総務省統計局「就業構造基本調査」(2022年)

巻末データ3　フルタイムの仕事に従事する女性の平均年収

順位	都道府県	女性平均年収（万円）
1位	東京都	457.8
2位	神奈川県	442.8
3位	大阪府	436.1
4位	京都府	407.0
5位	兵庫県	405.8
6位	埼玉県	401.3
7位	愛知県	400.0
8位	和歌山県	394.0
9位	奈良県	391.4
10位	静岡県	387.1
11位	千葉県	385.9
12位	栃木県	384.6
12位	広島県	384.6
14位	茨城県	382.2
15位	富山県	379.1
16位	滋賀県	378.6
17位	岡山県	377.2
17位	三重県	377.2
19位	福岡県	377.1
20位	山口県	376.3
21位	群馬県	375.3
22位	石川県	373.3
23位	高知県	368.9
24位	福井県	363.1

順位	都道府県	女性平均年収（万円）
25位	宮城県	361.5
26位	岐阜県	357.9
27位	北海道	357.8
28位	山梨県	356.9
29位	島根県	355.0
30位	愛媛県	351.4
31位	佐賀県	349.4
32位	長野県	348.8
33位	福島県	348.0
34位	香川県	347.4
35位	長崎県	346.2
36位	熊本県	345.6
37位	秋田県	344.5
38位	大分県	343.8
39位	徳島県	343.5
40位	新潟県	342.5
41位	鹿児島県	341.3
42位	岩手県	338.2
43位	山形県	333.4
44位	沖縄県	330.6
45位	宮崎県	329.8
46位	鳥取県	328.3
47位	青森県	313.1

全国平均 368.5万円

（出所）厚生労働省「賃金構造基本統計調査」（2023年）
＊平均年収は「決まって支給する現金給与額×12＋年間賞与その他特別給与額」で算出

巻末データ4　フルタイムの仕事に従事する人の男女の賃金格差

順位	都道府県	男性を100としたときの女性の賃金比率	女性平均年収（万円）	男性平均年収（万円）
1位	高知県	78.5	368.9	469.7
2位	秋田県	77.5	344.5	444.7
3位	長崎県	76.3	346.2	453.6
4位	鳥取県	76.2	328.3	430.9
5位	和歌山県	75.4	394.0	522.8
6位	奈良県	75.0	391.4	521.7
6位	沖縄県	75.0	330.6	441.1
8位	宮崎県	74.9	329.8	440.5
9位	島根県	74.6	355.0	476.0
9位	岩手県	74.6	338.2	453.5
11位	山形県	73.9	333.4	451.1
12位	埼玉県	73.4	401.3	547.0
13位	岡山県	73.1	377.2	516.0
14位	鹿児島県	73.0	341.3	467.6
14位	富山県	73.0	379.1	519.5
16位	佐賀県	72.9	349.4	479.6
17位	広島県	72.8	384.6	528.4
18位	青森県	72.5	313.1	432.1
19位	京都府	72.4	407.0	562.4
20位	石川県	72.2	373.3	516.8
20位	福井県	72.2	363.1	502.9
22位	新潟県	71.9	342.5	476.2
23位	群馬県	71.7	375.3	523.3
23位	山口県	71.7	376.3	525.0
25位	熊本県	71.6	345.6	482.4
26位	福岡県	71.5	377.1	527.6
27位	大阪府	71.4	436.1	610.8
28位	大分県	70.7	343.8	486.0
28位	宮城県	70.7	361.5	511.3
28位	福島県	70.7	348.0	492.3
31位	北海道	70.5	357.8	507.3
32位	千葉県	70.4	385.9	547.9
33位	徳島県	70.3	343.5	488.6
33位	愛媛県	70.3	351.4	499.9
33位	静岡県	70.3	387.1	550.7
36位	兵庫県	70.2	405.8	578.5
37位	神奈川県	70.0	442.8	632.1
37位	東京都	70.0	457.8	653.8
39位	香川県	69.2	347.4	501.7
39位	滋賀県	69.2	378.6	547.4
41位	三重県	67.8	377.2	556.7
42位	岐阜県	67.7	357.9	528.5
43位	茨城県	67.5	382.2	566.5
44位	山梨県	67.1	356.9	531.6
45位	愛知県	66.8	400.0	598.4
46位	長野県	66.7	348.8	523.2
47位	栃木県	63.4	384.6	606.5

全国平均 71.5

（出所）厚生労働省「賃金構造基本統計調査」（2023年）
＊平均年収は「決まって支給する現金給与額×12＋年間賞与その他特別給与額」で算出

巻末データ5　企業や法人の役員・管理職の女性割合

順位	都道府県	女性管理的職業従事者割合（%）
1位	徳島県	19.6
2位	青森県	18.0
2位	高知県	18.0
4位	東京都	17.9
5位	京都府	17.7
5位	福岡県	17.7
7位	熊本県	17.6
8位	大阪府	17.0
8位	鳥取県	17.0
10位	和歌山県	16.7
10位	岡山県	16.7
12位	兵庫県	16.4
12位	香川県	16.4
14位	愛媛県	16.2
14位	佐賀県	16.2
14位	長崎県	16.2
17位	奈良県	16.1
17位	大分県	16.1
19位	沖縄県	16.0
20位	宮城県	15.8
20位	広島県	15.8
22位	福島県	15.7
22位	鹿児島県	15.7
24位	岩手県	15.6
24位	山口県	15.6
26位	宮崎県	15.5
27位	三重県	15.4
28位	山梨県	15.2
29位	愛知県	15.1
30位	茨城県	14.9
30位	栃木県	14.9
30位	群馬県	14.9
33位	神奈川県	14.6
33位	島根県	14.6
35位	山形県	14.5
36位	北海道	14.4
36位	滋賀県	14.4
38位	石川県	14.3
39位	静岡県	14.1
40位	千葉県	13.7
40位	福井県	13.7
42位	秋田県	13.5
42位	埼玉県	13.5
44位	富山県	13.3
45位	岐阜県	13.2
46位	新潟県	13.1
47位	長野県	12.7

全国平均 15.6%

（出所）内閣府男女共同参画局「全国女性の参画マップ」（2024年）
＊1. 総務省「令和2年国勢調査（就業状態等基本集計）」より作成
2. 「管理的職業従事者」とは、会社・法人・団体役員、管理的公務員、その他管理的職業従事者を示す

巻末データ6　自治体の管理職の女性割合

順位	都道府県	女性割合（%）
1位	鳥取県	24.8
2位	岐阜県	18.9
3位	富山県	18.5
4位	福井県	18.1
5位	福岡県	17.4
5位	沖縄県	17.4
7位	徳島県	17.0
8位	高知県	16.5
9位	山形県	16.2
10位	島根県	15.9
11位	東京都	15.5
12位	群馬県	15.4
13位	香川県	15.1
14位	京都府	14.9
15位	神奈川県	14.7
16位	兵庫県	14.6
17位	長崎県	14.2
18位	広島県	13.7
19位	岡山県	13.5
20位	佐賀県	13.4
21位	和歌山県	12.9
22位	静岡県	12.7
23位	山梨県	12.6
24位	石川県	12.5
25位	三重県	12.3
25位	滋賀県	12.3
27位	栃木県	12.0
27位	埼玉県	12.0
29位	新潟県	11.5
29位	鹿児島県	11.5
31位	愛知県	11.3
31位	奈良県	11.3
31位	愛媛県	11.3
31位	熊本県	11.3
35位	茨城県	11.0
36位	長野県	10.9
37位	青森県	10.4
38位	宮城県	10.2
39位	秋田県	10.1
40位	岩手県	9.9
41位	福島県	9.3
41位	大阪府	9.3
41位	山口県	9.3
44位	大分県	8.8
45位	宮崎県	8.5
46位	千葉県	8.0
47位	北海道	7.4

全国平均 13.1%

（出所）内閣府男女共同参画局「全国女性の参画マップ」（2024年）
＊1. 資料出所は内閣府「地方公共団体における男女共同参画社会の形成又は女性に関する施策の推進状況」（2023年度）
2. 総数は本庁・支庁、地方事務局の合計。管理職とは、課長相当職及び部局長・次長相当職

巻末データ7　6歳未満の子どもがいる共働き夫婦の家事・育児・介護分担（女性が担う割合・少ない順）

順位	地域区分	妻が担う割合（％）	1日に妻が担う平均時間（分）	1日に夫が担う平均時間（分）
1位	鹿児島県	69.2	306	136
2位	新潟県	70.3	338	143
3位	静岡県	71.4	324	130
4位	島根県	71.5	351	140
5位	宮崎県	72.7	370	139
6位	福島県	73.2	355	130
7位	高知県	73.2	383	140
8位	北海道	73.4	329	119
9位	福井県	73.7	365	130
10位	山梨県	73.9	352	124
11位	奈良県	74.2	452	157
12位	栃木県	74.4	369	127
13位	京都府	74.8	357	120
14位	千葉県	75.0	442	147
15位	鳥取県	75.6	377	122
16位	宮城県	76.0	392	124
17位	徳島県	76.0	332	105
18位	神奈川県	76.1	417	131
19位	青森県	76.4	321	99
20位	和歌山県	76.5	339	104
21位	愛知県	76.6	389	119
22位	秋田県	76.7	386	117
23位	兵庫県	77.3	354	104
24位	長野県	77.8	497	142
25位	広島県	77.9	364	103
26位	三重県	78.0	472	133
27位	岐阜県	78.2	390	109
28位	東京都	78.2	419	117
29位	富山県	78.3	367	102
30位	山形県	78.4	338	93
31位	埼玉県	78.4	418	115
32位	佐賀県	78.8	331	89
33位	茨城県	79.2	350	92
34位	大分県	79.2	355	93
35位	群馬県	79.4	444	115
36位	滋賀県	79.7	420	107
37位	熊本県	79.7	358	91
38位	山口県	80.2	360	89
39位	岡山県	80.3	411	101
40位	大阪府	81.2	449	104
41位	沖縄県	81.3	405	93
42位	長崎県	81.4	345	79
43位	岩手県	81.4	354	81
44位	福岡県	81.7	403	90
45位	愛媛県	82.0	378	83
46位	香川県	82.2	429	93
47位	石川県	88.1	443	60

全国平均 77.2%

（出所）総務省統計局「社会生活基本調査」（2021年）
＊6歳未満の子どもがいる共働き夫婦の家事・介護・看護・育児・買い物で、1日に妻、夫が担う平均時間から女性が担う割合を算出

巻末データ8　女性の四年制大学進学率

順位	都道府県	女性四大進学率（%）	男性四大進学率（%）
1位	東京都	76.5	77.6
2位	京都府	70.1	73.4
3位	山梨県	62.3	77.8
4位	奈良県	59.5	64.4
5位	兵庫県	57.9	60.6
6位	大阪府	57.7	65.1
7位	広島県	56.0	58.5
7位	神奈川県	56.0	62.6
9位	茨城県	55.4	61.8
10位	岡山県	54.0	57.5
11位	愛知県	53.7	57.6
12位	千葉県	53.2	61.6
13位	石川県	52.7	57.5
14位	沖縄県	52.6	53.3
15位	徳島県	52.5	50.4
16位	香川県	52.4	58.7
17位	福井県	52.2	59.3
18位	埼玉県	50.1	61.2
19位	高知県	48.8	52.7
20位	愛媛県	48.67	52.8
21位	福岡県	48.5	52.4
22位	栃木県	48.2	54.9
23位	富山県	47.7	50.7
23位	滋賀県	47.7	56.7
25位	和歌山県	47.5	54.6
26位	岐阜県	47.0	53.7
26位	群馬県	47.0	53.2
28位	宮城県	46.9	53.1
29位	長野県	46.7	52
30位	静岡県	46.6	54.9
31位	北海道	45.4	55
32位	熊本県	43.8	44
32位	新潟県	43.8	51
34位	三重県	43.4	49.8
35位	鳥取県	43.2	47.9
36位	島根県	42.8	48.1
37位	青森県	42.1	47.2
38位	山口県	41.2	42.7
39位	長崎県	40.2	44.5
40位	佐賀県	39.6	44.5
41位	岩手県	39.5	41.6
42位	山形県	39.3	43.8
43位	福島県	38.9	44.2
44位	鹿児島県	37.7	45.3
45位	大分県	37.6	44.7
46位	秋田県	37.0	41.9
47位	宮崎県	36.8	42.3

女性の全国平均 48.69%

（出所）文部科学省「令和4年度学校基本調査」に18歳人口を加味して算出（2023年5月1日時点）
＊1. 大学進学率は、大学進学者数/中学等卒業者数で算出した
2.「中学等」は中学校+義務教育学校+特別支援学校中学部+中等教育学校前期課程の卒業生

巻末データ9　20歳前後の女性の転入率ランキング

順位	都道府県	女性若者転入率	男性若者転入率
1位	東京都	5.19	4.91
2位	神奈川県	1.96	2.33
3位	大阪府	1.52	0.60
4位	埼玉県	1.04	0.86
5位	京都府	0.98	0.71
6位	千葉県	0.40	−1.04
7位	福岡県	0.26	−0.35
8位	愛知県	−0.06	0.12
9位	宮城県	−0.19	0.04
10位	兵庫県	−0.86	−1.39
11位	滋賀県	−1.12	−0.27
11位	北海道	−1.12	−0.71
13位	岡山県	−1.48	−1.75
14位	栃木県	−1.55	−0.41
15位	奈良県	−1.62	−2.46
16位	石川県	−1.74	−0.67
17位	沖縄県	−1.80	−1.85
18位	静岡県	−1.97	−1.25
19位	熊本県	−2.00	−2.18
20位	山梨県	−2.05	−0.92
21位	群馬県	−2.10	−1.05
22位	岐阜県	−2.18	−2.06
22位	佐賀県	−2.18	−2.52
24位	富山県	−2.29	−1.10
25位	茨城県	−2.33	−1.41
26位	三重県	−2.40	−2.20
26位	広島県	−2.40	−1.74
28位	香川県	−2.52	−2.43
29位	和歌山県	−2.86	−2.59
30位	新潟県	−3.01	−2.39
31位	鹿児島県	−3.11	−2.82
32位	島根県	−3.14	−2.13
33位	大分県	−3.18	−2.62
34位	長野県	−3.24	−2.08
35位	宮崎県	−3.27	−3.00
36位	鳥取県	−3.32	−2.66
37位	徳島県	−3.45	−2.60
38位	福井県	−3.46	−2.16
39位	山口県	−3.58	−1.57
40位	愛媛県	−3.76	−3.13
41位	山形県	−3.95	−2.92
42位	福島県	−4.04	−2.49
43位	高知県	−4.21	−2.23
44位	岩手県	−4.44	−3.46
45位	長崎県	−4.61	−2.91
46位	秋田県	−4.92	−3.69
47位	青森県	−5.35	−3.89

女性全国平均 −2.03

（出所）総務省統計局「住民基本台帳人口移動報告」（2023年）

＊10代後半、20代前半女性の都道府県の転入者数から転出者数を差し引いた数が転入超過数。転入率は、該当人口に対する転入超過数の割合

巻末データ10　合計特殊出生率

順位	都道府県	出生率
1位	沖縄県	1.60
2位	長崎県	1.49
2位	宮崎県	1.49
4位	鹿児島県	1.48
5位	熊本県	1.47
6位	福井県	1.46
6位	島根県	1.46
6位	佐賀県	1.46
9位	鳥取県	1.44
10位	山口県	1.40
10位	香川県	1.40
12位	大分県	1.39
13位	滋賀県	1.38
14位	徳島県	1.36
15位	富山県	1.35
16位	石川県	1.34
16位	長野県	1.34
18位	和歌山県	1.33
18位	広島県	1.33
20位	山梨県	1.32
20位	岡山県	1.32
22位	岐阜県	1.31
22位	愛媛県	1.31
24位	高知県	1.30
25位	愛知県	1.29
25位	三重県	1.29
25位	兵庫県	1.29
28位	福岡県	1.26
29位	群馬県	1.25
29位	静岡県	1.25
31位	青森県	1.23
31位	新潟県	1.23
33位	山形県	1.22
33位	茨城県	1.22
35位	福島県	1.21
35位	奈良県	1.21
37位	栃木県	1.19
37位	大阪府	1.19
39位	岩手県	1.16
40位	埼玉県	1.14
40位	千葉県	1.14
42位	神奈川県	1.13
43位	京都府	1.11
44位	秋田県	1.10
45位	宮城県	1.07
46位	北海道	1.06
47位	東京都	0.99

全国平均 1.293

（出所）厚生労働省「人口動態統計月報年計（概数）の概況」（2023年）

巻末データ11　未婚率（男性、少ない順）

順位	都道府県	男性50歳時未婚率（％）
1位	滋賀県	23.0
2位	福井県	23.4
3位	奈良県	23.6
4位	宮崎県	24.6
5位	岐阜県	24.8
6位	香川県	25.0
6位	鹿児島県	25.0
8位	熊本県	25.1
8位	三重県	25.1
10位	石川県	25.3
10位	佐賀県	25.3
12位	和歌山県	25.4
12位	兵庫県	25.4
14位	長崎県	25.6
15位	広島県	25.9
15位	大分県	25.9
17位	岡山県	26.0
18位	山形県	26.2
18位	徳島県	26.2
20位	富山県	26.4
21位	島根県	26.5
21位	山口県	26.5
23位	長野県	26.6
24位	福岡県	26.7
24位	愛媛県	26.7
26位	山梨県	26.92
27位	愛知県	26.99
28位	宮城県	27.1
29位	鳥取県	27.5
30位	北海道	27.8
31位	群馬県	27.9
31位	静岡県	27.9
33位	京都府	28.0
34位	福島県	28.3
35位	新潟県	28.6
36位	秋田県	28.7
36位	栃木県	28.7
38位	茨城県	28.9
39位	大阪府	29.0
40位	青森県	29.1
40位	沖縄県	29.1
42位	高知県	29.5
43位	岩手県	29.6
44位	千葉県	29.9
45位	神奈川県	30.1
46位	埼玉県	30.2
47位	東京都	32.2

全国平均 26.98％

（出所）国立社会保障・人口問題研究所「人口統計資料集」（2024年）
「50歳時未婚率」は、「45歳～49歳」と「50歳～54歳」未婚率の平均値から「50歳時」の未婚率（結婚したことがない人の割合）を算出したもの

巻末データ12　未婚率（女性、少ない順）

順位	都道府県	女性50歳時未婚率（％）
1位	福井県	12.1
2位	滋賀県	12.8
3位	岐阜県	13.2
4位	山形県	13.5
5位	三重県	13.6
6位	富山県	14.0
7位	長野県	14.3
7位	山梨県	14.3
9位	島根県	14.5
9位	愛知県	14.5
11位	茨城県	14.7
11位	栃木県	14.7
13位	群馬県	15.0
13位	石川県	15.0
15位	静岡県	15.2
16位	福島県	15.3
17位	香川県	15.6
18位	鳥取県	15.7
19位	新潟県	15.9
20位	秋田県	16.0
21位	和歌山県	16.2
21位	佐賀県	16.2
23位	奈良県	16.4
24位	岡山県	16.60
24位	山口県	16.64
26位	岩手県	16.7
26位	埼玉県	16.7
26位	広島県	16.7
29位	千葉県	16.8
29位	宮崎県	16.8
31位	神奈川県	17.3
32位	宮城県	17.4
33位	徳島県	17.5
34位	熊本県	17.6
35位	大分県	17.7
35位	兵庫県	17.7
35位	青森県	17.7
38位	愛媛県	18.3
39位	鹿児島県	18.6
40位	長崎県	18.7
41位	沖縄県	19.3
42位	福岡県	19.7
43位	京都府	20.1
44位	北海道	20.4
45位	大阪府	20.6
46位	高知県	21.1
47位	東京都	23.8

全国平均 16.57%

（出所）国立社会保障・人口問題研究所「人口統計資料集」（2024年）
「50歳時未婚率」は、「45歳～49歳」と「50歳～54歳」未婚率の平均値から「50歳時」の未婚率（結婚したことがない人の割合）を算出したもの

巻末データ13　都道府県議会の女性議員割合

順位	都道府県	女性の都道府県議会議員割合（%）
1位	東京都	31.1
2位	香川県	22.5
3位	京都府	22.0
4位	岡山県	21.8
5位	鹿児島県	21.6
6位	長野県	19.3
7位	神奈川県	18.4
8位	栃木県	18.0
9位	北海道	17.0
9位	山口県	17.0
11位	宮城県	16.9
12位	大阪府	16.7
13位	高知県	16.2
14位	埼玉県	16.1
15位	長崎県	15.2
16位	兵庫県	15.1
17位	静岡県	14.9
17位	福岡県	14.9
19位	千葉県	14.7
19位	鳥取県	14.7
21位	青森県	14.6
21位	秋田県	14.6
21位	沖縄県	14.6
24位	山形県	14.0
24位	群馬県	14.0
26位	島根県	13.9
27位	滋賀県	13.6
28位	岐阜県	13.0
29位	三重県	12.5
29位	広島県	12.5
31位	岩手県	10.4
32位	福島県	10.3
32位	宮崎県	10.3
34位	熊本県	10.2
35位	茨城県	10.0
35位	富山県	10.0
37位	石川県	9.8
38位	新潟県	9.4
39位	奈良県	9.3
40位	愛媛県	8.5
41位	佐賀県	8.1
42位	愛知県	7.9
42位	徳島県	7.9
44位	和歌山県	7.1
45位	福井県	5.4
45位	山梨県	5.4
47位	大分県	4.7

全国平均 13.7%

（出所）内閣府男女共同参画局「全国女性の参画マップ」（2024年）
＊資料出所は「総務省 地方公共団体の議会の議員及び長の所属党派別人員調」（2023年12月31日現在）

巻末データ14　市区議会の女性議員割合

順位	都道府県	女性の市区議会議員割合（％）
1位	東京都	35.0
2位	埼玉県	26.9
3位	神奈川県	25.8
4位	京都府	25.1
5位	大阪府	24.7
6位	兵庫県	23.5
7位	三重県	23.4
8位	北海道	22.5
9位	千葉県	21.7
10位	滋賀県	21.2
11位	愛知県	21.0
12位	静岡県	20.1
13位	長野県	19.8
13位	和歌山県	19.8
15位	鳥取県	19.1
16位	宮崎県	18.8
17位	奈良県	18.6
18位	宮城県	17.8
18位	高知県	17.8
18位	福岡県	17.8
21位	青森県	17.1
22位	栃木県	17.0
23位	群馬県	16.6
24位	岐阜県	16.1
24位	香川県	16.1
24位	愛媛県	16.1
27位	佐賀県	15.9
28位	沖縄県	15.7
29位	茨城県	15.5
29位	広島県	15.5
31位	新潟県	15.3
31位	鹿児島県	15.3
33位	山形県	15.1
34位	徳島県	15.0
35位	岡山県	14.7
36位	岩手県	14.2
37位	山梨県	13.8
38位	福井県	13.5
39位	石川県	12.4
40位	島根県	12.3
40位	大分県	12.3
42位	秋田県	11.9
42位	福島県	11.9
42位	富山県	11.9
45位	山口県	11.5
46位	熊本県	11.3
47位	長崎県	8.9

全国平均 17.5%

（出所）内閣府男女共同参画局「全国女性の参画マップ」（2024年）
＊資料出所は「総務省　地方公共団体の議会の議員及び長の所属党派別人員調」（2023年12月31日現在）

巻末データ15　女性議員がゼロの市区町村議会の割合（少ない順）

順位	都道府県	女性0の議会割合（%）
1位	栃木県	0.0
1位	千葉県	0.0
1位	神奈川県	0.0
1位	大阪府	0.0
1位	広島県	0.0
1位	香川県	0.0
7位	埼玉県	1.6
8位	愛知県	1.9
9位	岡山県	3.7
10位	兵庫県	4.9
11位	山口県	5.3
12位	大分県	5.6
13位	宮城県	5.7
13位	静岡県	5.7
15位	東京都	6.5
16位	新潟県	6.7
17位	茨城県	6.8
18位	三重県	6.9
19位	福岡県	8.3
20位	愛媛県	10.0
21位	長野県	10.4
22位	石川県	10.5
22位	滋賀県	10.5
22位	鳥取県	10.5

順位	都道府県	女性0の議会割合（%）
22位	島根県	10.5
26位	福井県	11.8
27位	岐阜県	11.9
28位	岩手県	12.1
29位	徳島県	12.5
30位	富山県	13.3
31位	山形県	14.3
32位	佐賀県	15.0
33位	京都府	15.4
34位	秋田県	16.0
35位	和歌山県	16.7
36位	群馬県	17.1
36位	沖縄県	17.1
38位	熊本県	17.8
39位	長崎県	19.0
40位	宮崎県	23.1
41位	鹿児島県	23.3
42位	高知県	23.5
43位	奈良県	25.6
44位	北海道	25.7
45位	山梨県	29.6
46位	青森県	30.0
47位	福島県	32.2

全国平均 11.8%

（出所）内閣府男女共同参画局「全国女性の参画マップ」（2024年）
＊資料出所は「総務省 地方公共団体の議会の議員及び長の所属党派別人員調」（2023年12月31日現在）

巻末データ16　自治会長に占める女性割合

順位	都道府県	女性自治会長割合（%）
1位	大阪府	18.1
2位	高知県	14.4
3位	東京都	13.3
4位	香川県	13.2
5位	徳島県	13.1
6位	愛知県	12.6
6位	沖縄県	12.6
8位	福岡県	10.4
9位	山口県	10.3
10位	神奈川県	10.2
10位	京都府	10.2
12位	奈良県	9.3
13位	和歌山県	9.2
14位	岡山県	8.1
15位	千葉県	7.9
16位	広島県	7.3
16位	愛媛県	7.3
18位	茨城県	6.9
19位	鹿児島県	6.8
20位	島根県	6.3
21位	埼玉県	5.9
22位	三重県	5.8
22位	兵庫県	5.8
24位	宮城県	5.7
25位	滋賀県	5.3
26位	岩手県	5.1
26位	長崎県	5.1
28位	北海道	4.9
28位	富山県	4.9
30位	岐阜県	4.8
31位	青森県	4.7
32位	鳥取県	4.5
33位	新潟県	4.4
34位	宮崎県	4.2
35位	大分県	3.8
36位	福島県	3.7
36位	石川県	3.7
38位	山梨県	3.6
39位	熊本県	3.4
40位	福井県	3.1
41位	栃木県	3.0
42位	秋田県	2.9
43位	静岡県	2.4
43位	佐賀県	2.4
45位	長野県	2.0
46位	山形県	1.9
47位	群馬県	1.1

全国平均 6.7%

（出所）内閣府男女共同参画局「全国女性の参画マップ」（2024年）
＊資料出所は内閣府「地方公共団体における男女共同参画社会の形成又は女性に関する施策の推進状況」（2023年度）

【初出】

本書は、以下の初出原稿に大幅加筆修正を加えたものです。

第１～５章『日経グローカル』（日本経済新聞）連載「地方を元気にする中小企業の女性たち」（２０２２年５月～２０２３年６月）

第４章『中小企業と組合』（全国中小企業団体中央会、２０２２年10月号）

【付記】

序章・巻末のデータ分析、第１～５章の定性調査は、文部科学省科学研究費（基盤研究（C）21K01685　研究者代表：野村浩子）の研究の一環として行いました。

目次・章扉デザイン・図版作成／マーリンクレイン

野村浩子（のむらひろこ）

ジャーナリスト。1962年生まれ。1984年お茶の水女子大学文教育学部卒業。日経ホーム出版社（現日経BP）発行の「日経WOMAN」編集長、日本初の女性リーダー向け雑誌「日経EW」編集長、日本経済新聞社編集委員、淑徳大学教授などを経て、2020年東京家政学院大学特別招聘教授、2024年日本女性学習財団理事長。政府、自治体の各種委員を務める。著書に『市川房枝、そこから続く「長い列」』（亜紀書房）、『女性リーダーが生まれるとき』（光文社新書）など。

地方《ちほう》で拓《ひら》く女性《じょせい》のキャリア

中小企業《ちゅうしょうきぎょう》のリーダーに学《まな》ぶ

2025年2月28日初版1刷発行

著　者 ── 野村浩子
発行者 ── 三宅貴久
装　幀 ── アラン・チャン
印刷所 ── 萩原印刷
製本所 ── ナショナル製本
発行所 ── 株式会社光文社
東京都文京区音羽1-16-6（〒112-8011）
https://www.kobunsha.com/
電　話 ── 編集部03（5395）8289　書籍販売部03（5395）8116
制作部03（5395）8125
メール ── sinsyo@kobunsha.com

 ISBN 978-4-334-10552-5

1325

なぜ地方女子は東大を目指さないのか

江森百花　川崎莉音

資格取得を重視し、自己評価が低く、浪人を避ける――。地方と女性という二つの属性がいかに進学における壁となっているのか。現役東大女子学生による緻密な調査・分析と提言。

978-4-334-10399-6

1326

しっぽ学

東島沙弥佳

ヒトはどのようにしてしっぽを失った？　しっぽにどんな思いを馳せてきた？　しっぽを知って、ひとを知る――。文理を越えて研究を続けるしっぽ博士が、魅惑のしっぽワールドにご案内！

978-4-334-10400-9

1327

人生は心の持ち方で変えられる？

〈自己啓発文化〉の深層を解く

真鍋厚

成長と成功を目指す「足し算型」に、頑張ることなく幸福を得ようとする「引き算型」。日本人は自己啓発に何を求めてきたか？「より良い人生を切り拓こうとする思想」の一六〇年を分析する。

978-4-334-10422-1

1328

遊牧民、はじめました。

モンゴル大草原の掟

相馬拓也

150㎞にも及ぶ遊牧、マイナス40℃の冬、家畜という懐事情を近所に曝け出しての生活――。モンゴル大草原に生きる遊牧民の暮らしを自ら体験した研究者が赤裸々に綴る遊牧奮闘記！

978-4-334-10423-8

1329

漫画のカリスマ

白土三平、つげ義春、吾妻ひでお、諸星大二郎

長山靖生

個性的な作品を描き続け、今も熱狂的なファンを持つ四人。後続の漫画家（志望者）たちを惹き付け、次世代の表現を形作ってきた。作品と生涯を通し昭和戦後からの精神史を読み解く。

978-4-334-10424-5

1330
ロジカル男飯
樋口直哉

ラーメン・豚丼・ステーキ・唐揚げ・握りずしなど、万人に好まれる料理を、極限までおいしくするレシピを追求！　料理に対する考えを一変させる、クリエイティブなレシピ集。

978-4-334-10425-2

1331
現代人のための読書入門
本を読むとはどういうことか
印南敦史

「本が売れない」「読書人口の減少」といった文言が飛び交う現代社会。だが、いま目を向けるべきは別のところにあるのかもしれない――。人気の書評家が問いなおす「読書の原点」。

978-4-334-10444-3

1332
長寿期リスク
「元気高齢者」の未来
春日キスヨ

人生百年時代というが、長寿期在宅高齢者の生活は実は困難に満ちている。なぜ助けを求めないのか？　今後増える超高齢夫婦二人暮らしの深刻な問題とは？　長年の聞き取りを元に報告。

978-4-334-10445-0

1333
日本の指揮者とオーケストラ
小澤征爾とクラシック音楽地図
本間ひろむ

「指揮者のマジック」はどこから生まれるのか――。明治時代以降の黎明期から新世代の指揮者まで、それぞれの個性が炸裂する、指揮者とオーケストラの歩みと魅力に迫った一冊。

978-4-334-10446-7

1334
世界夜景紀行
丸田あつし
丸々もとお

夜景をめぐる果てしなき世界の旅へ――。世界114都市、602点収録。ヨーロッパから中東、南北アメリカ、アジア、アフリカまで。夜景写真&評論の第一人者が挑んだ珠玉の情景。

978-4-334-10447-4

1340
グローバルサウスの時代
多重化する国際政治
脇祐三

米中のどちらにも与《くみ》せず、機を見て自国の利益最大化を図る。インドや中東、アフリカ諸国の振る舞いからグローバルサウスの思考体系と行動原理を知り、これからの国際情勢を考える。

978-4-334-10509-9

1341
映画で読み解く イギリスの名門校《パブリック・スクール》
エリートを育てる思想・教育・マナー
秦由美子

世界中から入学希望者が殺到する「ザ・ナイン」とは何なのか。エリートを輩出し続けるパブリック・スクールの実像を、「ハリー・ポッター」シリーズをはじめ7つの映画から探る。

978-4-334-10510-5

1342
海の変な生き物が教えてくれたこと
清水浩史

外見なんて気にするな、内面さえも気にするな！ 水中観察30年の海と島の達人が、「地味で一癖ある」「厄介者」なのになぜか惹《ひ》かれる10の生き物を厳選、カラー写真とともに紹介する。

978-4-334-10511-2

1343
イスラエルの自滅
剣によって立つ者、必ず剣によって倒される
宮田律

民間人に多大な犠牲者を出し続けているハマスとイスラエルによる「ガザ戦争」。イスラエルはなぜ対話へと舵《かじ》をきらずに平和が遠のいているのか。その根源と破滅的な展望を示す。

978-4-334-10543-3

1344
知的障害者施設 潜入記
織田淳太郎

知人に頼まれ、「知的障害者施設」で働きはじめた著者が見たものとは？ 入所者に対する厳罰主義、虐待、職員による「水増し請求」——驚きの実態を描いた迫真のルポルタージュ。

978-4-334-10544-0